Textos Literarios y Ejercicios

Nivel Superior

Concepción Bados Ciria

UNIVERSIDAD DE ALCALÁ

Equipo de la Universidad de Alcalá
Dirección: María Ángeles Álvarez Martínez

Programación: María Ángeles Álvarez Martínez
Ana Blanco Canales
María Jesús Torrens Álvarez

Autora: Concepción Bados Ciria

© Del texto: Alcalingua, S. R. L., Universidad de Alcalá, 2001
© De los dibujos: Grupo Anaya, S. A., 2001
© De esta edición: Grupo Anaya, S. A., 2001
Juan Ignacio Luca de Tena, 15 - 28027 Madrid

Depósito legal: M-46159-2004
ISBN: 84-667-0058-7
Printed in Spain
Imprime: I.G. Huertas, S. A. Madrid

Equipo editorial
Edición: Milagros Bodas, Carolina Frías, Sonia de Pedro
Equipo técnico: Javier Cuéllar, Laura Llarena
Ilustración: El Gancho (Tomás Hijo, José Zazo y Alberto Pieruz)
Cubiertas: Taller Universo: M. Á. Pacheco, J. Serrano
Diseño y realización de interiores: JV, Diseño Gráfico, S. L.

Expresamos nuestro agradecimiento al Vicerrectorado de Investigación de la Universidad de Alcalá, por el proyecto subvencionado "Frecuencia de uso y estudio del léxico con especial aplicación a la enseñanza del español como lengua extranjera" (H004/2000); y muy especialmente al Vicerrector de Extensión Universitaria de esta Universidad, profesor Antonio Alvar Ezquerra, por haber acogido con entusiasmo nuestro proyecto y habernos prestado desde sus comienzos su inestimable apoyo y ayuda.

Dentro de los materiales complementarios del método SUEÑA, diseñado para la enseñanza del español a extranjeros desde el Nivel Inicial hasta el Nivel de Perfeccionamiento, presentamos la colección TEXTOS LITERARIOS Y EJERCICIOS, concebida como material de refuerzo en el aula, pero que además puede servir como libro de lectura, con independencia del método SUEÑA.

Este libro recoge diez textos literarios originales, que se corresponden con el Nivel Superior. Al principio de cada lectura se presenta una breve referencia del autor, y después del texto literario –acompañado de un vocabulario básico– se ofrece una serie de actividades, donde se trabajan el léxico y aspectos gramaticales. Por último, hay un apartado dedicado a la expresión oral y escrita.

Al final se ofrecen las soluciones a los ejercicios. En la última sección del libro se recoge el vocabulario fundamental de todos los textos.

Índice

LECTURAS
Y EJERCICIOS

RAMÓN MARÍA
DEL VALLE-INCLÁN

Mi bisabuelo

Ramón María del Valle-Inclán nació en Villanueva de Arosa (Galicia) en 1866, y murió en 1936. En 1892 viajó a México, donde fue soldado y periodista. Hacia 1895 regresó a España y se instaló en Madrid, donde inició una vida bohemia y apasionada que llamaba la atención en las tertulias literarias que frecuentaba. Escribió la serie de novelas *El ruedo ibérico* y es el creador de la estética del "esperpento", que se plasma en obras dramáticas como *Luces de Bohemia* y en la novela *Tirano Banderas*. Destacada es, también, su producción poética. El cuento que incluimos pertenece a su libro *Jardín umbrío*.

VOCABULARIO BÁSICO

bisabuelo, perfil, labradores, nodriza, parentela, fantasmas, mayorazgo, escribano, escopeta, genealogía, mocedad, leyenda, cárcel, verdugo, heredad, linde, amo, ciego

Don Manuel Bermúdez y Bolaño, mi bisabuelo, fue un caballero alto, seco, con los ojos verdes y el perfil purísimo. Hablaba poco, paseaba solo; era orgulloso, violento, y muy justiciero. Recuerdo que algunos días en la mejilla derecha tenía una roseola, casi una llaga. De aquella roseola la gente del pueblo murmuraba que era un beso de las brujas, y a medias palabras venían a decir lo mismo mis tías. La imagen que conservo de mi bisabuelo es la de un viejo caduco y temblón, que paseaba al abrigo de la iglesia en las tardes largas y doradas. ¡Qué amorosa evocación tiene para mí aquel tiempo! ¡Dorado es tu nombre, Santa María de Louro! ¡Dorada tu iglesia con nidos de golondrinas! ¡Doradas tus piedras! ¡Toda tú dorada, villa de señorío!

De la casa que tuvo allí mi bisabuelo sólo queda una parra vieja que no da uvas, y de aquella familia tan antigua, un eco en los libros parroquiales; pero en torno de la sombra de mi bisabuelo flota todavía una leyenda. Recuerdo que toda la parentela lo tenía por un loco atrabiliario. Yo era un niño y se recataban de hablar en mi presencia; sin embargo, por palabras vagas llegué a descubrir que mi bisabuelo había estado preso en la cárcel de Santiago. En medio de una gran angustia, presentía que era culpado de algún crimen lejano, y que había salido libre por dinero. Muchas noches no podía dormir, cavilando en aquel misterio, y se me oprimía el corazón si en las altas horas oía la voz embarullada del viejo caballero, que sonaba a gritos.

Dormía mi bisabuelo en una gran sala de la torre, con un criado a la puerta, y yo le suponía lleno de remordimientos, turbado su sueño por fantasmas y aparecidos. Aquel viejo tan adusto me quería mucho, y correspondíale mi candor de niño rezando para que le fuese perdonado su crimen. Ya estaban frías las manos de mi bisabuelo cuando supe cómo se habían cubierto de sangre.

Una noche escuché el relato a la vieja aldeana que ha sido siempre la crónica de la familia. Micaela hilaba su copo en la antesala redonda, y contaba a los otros criados las grandezas de la casa y las historias de los mayores. De mi bisabuelo recordaba que era un gran cazador, y que una tarde, cuando volvía de tirar a las perdices, salió a esperarlo en el camino del monte un hombre ciego a quien una hija guiaba de la mano. Iba con la cabeza descubierta al encuentro del caballero:

—¡Un ángel lo trae por estos caminos, mi amo!

Hablaba con la voz velada de lágrimas. Don Manuel Bermúdez lo interrogó breve y muy adusto:

—¿Ha muerto tu madre?

—¡No lo permita Dios!

—Pues ¿qué te ocurre?

—Por un falso testimonio están en la cárcel mis dos hijos. ¡Quiere acabar con todos nosotros el escribano Malvido! Anda por las puertas tomando firmas para que ninguno vuelva a meter los ganados en las Brañas del Rey.

Suspiró la moza que guiaba a su padre:

—Yo lo vi a la puerta de Pedro de Verno.

Se acercaron otras mujeres y unos niños, que volvían del monte agobiados bajo grandes haces de carrascas. Todos rodearon a don Manuel Bermúdez.

—Ya los pobres no podemos vivir. El monte donde rozábamos nos lo quita un ladrón de la villa.

Clamó el ciego:

—Más os vale no hablar y arrancaros la lengua. Por palabras como éstas están en la cárcel dos de mis hijos.

Al callar el ciego, gimió la moza:

—Por estar encamada no se llevaron los alcaldes a mi madre Águeda.

Cuentan que mi bisabuelo, al oír esto, dio una voz muy enojado imponiendo silencio:

—¡Habla tú, Serenín! ¡Que yo me entere!

Todos se apartaron, y el ciego labrador quedó en medio del camino, con la cabeza descubierta, la calva dorada bajo el sol poniente. Llamábase Serenín de Bretal, y su madre, una labradora de cien años, Águeda. Esta mujer había sido nodriza de mi bisabuelo, quien le guardaba amor tan grande, que algunas veces, cuando andaba de cacería, llegábase a visitarla, y sentábase bajo el emparrado a merendar en su compañía un cuenco de leche fresca. Don Manuel Bermúdez, amparado en una sombra del camino, silencioso y adusto, oía la querella de Serenín de Bretal.

—¡Acaban con nosotros! Los montes que eran nuestros nos los roban con papeles falsos y testimonios de lenguas pagadas, y porque reclamaron contra este fuero tengo dos hijos en la cárcel. ¡Ya solamente nos queda a los labradores ponernos una piedra al cuello y echarnos de cabeza al río!

Se levantó un murmullo popular:

—¿Adónde iremos para no sufrir?

—¡La suerte del pobre es pasar trabajos!

—¡Para el pobre nunca hay sol!

—¡Sufrir y penar! ¡Sufrir y penar! Es la ley del pobre.

Las mujeres que portaban los haces de carrascas, juntas con otras que volvían de los mercados, formaban coro en torno del ciego labrador, y a lo lejos una cuadrilla de cavadores escuchaba en la linde de la heredad, descansando sobre las azadas. Don Manuel Bermúdez los miró a todos muy despacio, y luego les dijo:

—En la mano tenéis el remedio. ¿Por qué no matáis a ese perro rabioso?

Al pronto todos callaron; pero de repente una mujer gritó, dejando caer su haz de carrascas y mesándose:

—¡Porque no hay hombres, señor! ¡Porque no hay hombres!

Desde lejos dejó oír su voz uno de los cavadores:

—Hay hombres, pero tienen las manos atadas.

Se revolvió la mujer:

—¿Quién os las ata? ¡El miedo! ¿Qué boca habló por mí cuando en una misma leva me llevaron tres hijos y me dejaron como me veo, sin más amparo que el cielo que me cubre?

Una vieja que venía hacia el camino atravesando por los maizales, respondió con otras voces:

—¡Hay que acabar con los verdugos! ¡Hay que acabar con ellos!

Clamó Serenín:

—¡Yo nada puedo hacer, sin luz en los ojos y con los hijos en la cárcel!

Comenzaron a gritar las mujeres:

—¡Estas carrascas habían de ser para quemar vivo a ese ladrón de los pobres!

Y de pronto se apagó el vocerío. Una lengua medrosa recomendó:

—Hay que callar y sufrir. Cada vida tiene su cruz. ¡Mirad quién viene!

Por lo alto de la cuesta, trotando sobre un asno, asomaba un jinete, y todos reconocieron al escribano Malvido. Cuentan que entonces mi bisabuelo se volvió a los cavadores que estaban en la linde de la heredad:

—Tengo la escopeta cargada. ¿Alguno de vosotros quiere hacer un buen blanco?

Al pronto todos callaron. Luego, se destacó uno entre los más viejos:

—El gavilán vuela siempre sobre el palomar. Uno se mata y otro viene.

—¿No queréis aprovechar la carga de mi escopeta?

Respondieron varias voces con ahínco:

—¡Somos unos pobres, señor mayorazgo! ¡Hijos de la tierra!

El escribano, viendo tanta gente en el camino, iba a torcer por un atajo; pero mi bisabuelo parece ser que lo llamó a grandes voces:

—Señor Malvido, acá lo estamos esperando para hacer una buena justicia.

Respondió el otro, muy alegre:

—¡Falta hace, señor mayorazgo! ¡Esta gente es contumaz!

Se acercó trotando. Mi bisabuelo, muy despacio, se echó la escopeta a la cara. Cuando lo tuvo encañonado le gritó:

—¡Ésta es mi justicia, señor Malvido!

Y de un tiro lo dobló en la tierra con la cabeza ensangrentada.

Contaba Micaela la Galana que a raíz de aquel suceso mi bisabuelo había estado algún tiempo en la cárcel de Santiago. El hecho es cierto, pero fue otro el motivo. Muchos años después, para una información genealógica, he tenido que resolver papeles viejos, y pude averiguar que aquella prisión había sido por pertenecer al partido de los apostólicos. Era yo estudiante cuando llegué a formarme cabal idea de mi bisabuelo. Creo que ha sido un carácter extraordinario, y así, estimo sobre todas mis sangres, la herencia suya. Aún ahora, vencido por tantos desengaños, recuerdo con orgullo aquel tiempo de mi mocedad, cuando, despechada conmigo toda mi parentela, decían las viejas, santiguándose: "¡Otro don Manuel Bermúdez! ¡Bendito Dios!".

Jardín umbrío, en *Cuentos españoles. Antología.*
La Habana, Editorial Arte y Cultura, 1976.

◼ EJERCICIOS PARA EL ESTUDIO DEL LÉXICO Y LA COMPRENSIÓN DEL TEXTO ◼◼

1

Haz una lista con las palabras
que en el texto se relacionan
con el campo temático:
HEREDAD.

2

Busca en el diccionario una definición
para las palabras siguientes:

bisabuelo, parentela, amo, escribano, criado, mayorazgo, labrador, verdugo,
justicia, suceso, heredad, linde, nodriza.

3

Relaciona las palabras de los recuadros y forma parejas de sinónimos.

> *bisabuelo, purísimo, evocación, caduco, fantasmas, cuenco, legalista, amo,
> ahínco, candor, murmullo, ciego*

> *recipiente, limpísimo, rumor, marchito, antepasado, aparecidos, justiciero,
> patrón, recuerdo, tesón, invidente, inocencia*

4

Forma ahora parejas de antónimos.

> *adusto, silencioso, popular, contumaz, medrosa, mocedad, cabal, grandezas,
> extraordinario, verdugo*

> *ordinario, protector, tierno, voluble, senectud, ruidoso, incierto, bajezas,
> atrevida, elitista*

5

Escribe sustantivos y adjetivos de la misma familia que los verbos siguientes:

murmurar, hilar, oprimir, interrogar, heredar, encañonar, averiguar, portar, amparar.

6

Teniendo en cuenta el relato que has leído, señala si son verdaderas o falsas las afirmaciones siguientes:

1. El narrador es descendiente directo de don Manuel Bermúdez....... V F

2. El narrador admiraba a su bisabuelo................................... V F

3. El narrador no conoció nunca a su bisabuelo......................... V F

4. Don Manuel Bermúdez era autoritario y cruel........................ V F

5. A don Manuel le gustaba pescar, pero no cazaba.................... V F

6. En una ocasión, don Manuel mató a un hombre...................... V F

7. El narrador conoce este episodio cuando investiga su genealogía...... V F

8. Don Manuel era muy respetado por los pobres de la región........... V F

9. Estuvo en la cárcel por motivos políticos.............................. V F

10. Don Manuel mató al escribano para defender a los oprimidos....... V F

11. El narrador estima la herencia de su bisabuelo...................... V F

12. El narrador es apreciado y admirado por su parentela.............. V F

7

Escribe con otras palabras las frases siguientes:

1. ¡Qué amorosa evocación tiene para mí aquel tiempo!

2. Ya estaban frías las manos de mi bisabuelo cuando conocí su pasado.

3. Por estar encamada no se llevaron a Águeda.

4. ¡Para el pobre nunca hay sol!

5. ¡Estas carrascas habían de ser para quemar vivo a ese ladrón de pobres!

6. Hay que acabar con los verdugos.

7. Hay hombres, pero tienen las manos atadas.

8

Completa el texto con las palabras del recuadro.

> ensangrentada, justicia, maizales, tirar, cárcel, monte, escribano, verdugo,
> suceso, ciego, labradora, heredad, encuentro, nodriza, tiro

Una tarde, cuando don Manuel Bermúdez volvía de .... a las perdices, salió a esperarle en el camino del .... un hombre .... a quien una hija guiaba de la mano. Iba con la cabeza descubierta al .... del caballero. Este hombre ciego se llamaba Serenín de Bretal, y su madre, una .... de cien años, había sido .... de don Manuel Bermúdez. Serenín y otros labradores pobres de la región le contaron a don Manuel que un .... quería echarlos de los .... que ellos habían trabajado durante siglos. Don Manuel se erigió en protector de estos oprimidos y él mismo mató al escribano que pasaba en esos momentos por la .... Don Manuel quiso hacer .... y amparar a los pobres indefensos y de un .... dobló a su .... dejándolo en la tierra con la cabeza .... Contaba Micaela que, a raíz de aquel ...., don Manuel había estado algún tiempo en la .... de Santiago.

9

Expresión oral y escrita

Este relato retrata una escena de principios de siglo en la España rural donde los pobres viven oprimidos por las leyes de los ricos. El servidor, o criado, depende del amo o patrón para subsistir y vivir. Muchas veces el patrón ha abusado de su poder sobre el servidor y esto ha traído grandes revoluciones sociales y políticas.

1. Comenta algo sobre este tema y sus repercusiones sociales y políticas en distintos países del mundo.

2. La desigualdad económica separa el mundo en dos: el Primer Mundo y el Tercer Mundo. ¿Cuál es tu opinión sobre este problema y sus posibles soluciones?

3. En este relato, el narrador confiesa su admiración por uno de sus antepasados: su bisabuelo. ¿Cómo es la evocación que de este personaje hace el narrador? Describe al bisabuelo y aporta tu propia opinión acerca de este hombre.

4. Siempre nos han hablado de nuestros antepasados o de nuestros abuelos como de seres y personas que han de ser imitadas y recordadas. ¿Hay alguna historia parecida a ésta en tu familia?

5. ¿Tienes algún recuerdo especial de alguien de tu familia, alguien que te haya influido, especialmente en tu infancia?

RAMÓN
GÓMEZ DE LA SERNA

El pez único

Ramón Gómez de la Serna nació en Madrid en 1888 y murió en Argentina en 1963. Publicó su primer libro a los dieciséis años. Es autor de más de ochenta obras, y cultiva la novela *(La mujer de ámbar, El torero Caracho)*, la crítica artística *(Ismos, Goya)* y la biografía *(Oscar Wilde)*. Fue el creador de la *greguería*, frase aguda, breve y paradójica, a la que dedica varios volúmenes: *Greguerías* (1917) y *Ramonismo*. Sus excentricidades dieron lugar a su fama, y entre sus muchas características innovadoras está la de transformar los géneros que toca dándoles un sello y configuración muy personales. La admiración hacia él llegó a ser motivo de un culto conocido con el nombre de *ramonismo*. No crea en su literatura personajes, sino tipos que encarnan ideas.

VOCABULARIO BÁSICO

gabinete,
biombos,
inverosímil,
pecera, bahía,
símbolo,
etiqueta,
mecedora, capitalista,
felpudo,
enigmático,
filigrana,
píldoras,
sensatez, cínico,
fechoría,
entremés,
apetito

El gabinete brasileño tenía aire de decoración del rey Midas, con biombos del emperador del Japón. Sobre una mesita brillaba una pecera de cristal azuloso, en que el pez más inverosímil del mundo se paseaba como por un palacio. Se veía que el centro de la habitación era aquella pecera. En la paz sestera del salón de Río de Janeiro, todo floreciente hacia la bahía luminosa, la pecera era como el símbolo de un misterio y de una adoración.

Don Américo, repleto y callado, y doña Lía, silenciosa y amuñecada, estaban satisfechos de sus rentas. Se sentía en aquella paz un

silencio fecundo, cuajado en cafetales, rico en raíces, resurgidor de cosechas. Don Américo y doña Lía no tenían más deber que no interrumpir lo que iba cundiendo en la atmósfera, como riqueza de lluvia en día claro y candente.

—Lía, estás demasiado inmóvil —dijo don Américo, asustando al pez con sus palabras.

—Américo, así se conserva mejor la etiqueta, ya sabes que viene a cenar el excelentísimo don Reinaldo dos Santos.

—Lo sé, pero es demasiada tu inmovilidad... Mécete... Cuando tan compuesta y perfumada te mueves en la mecedora, parece que entran vientos perfumados en la habitación.

Doña Lía se movió un poco y por las ramas y las flores dibujadas en la casa y taraceadas en los biombos pasó una brisa que lo animó todo.

—¿Sabes el signo que me parece que hace nuestro pez en el agua? —preguntó don Américo.

—¿Cuál? —dijo doña Lía.

—El signo del dólar, la ese endemoniada.

—Como que nuestro pez es un pez capitalista.

Había llegado la hora de encender la luz, y doña Lía encendió tantas lámparas como se encienden en un teatro, inyectando enchufes en todas las paredes y animando de luz las más bellas pantallas céreas y sonrosadas.

El timbre sonó en el fondo de la casa, y a los pocos momentos se oyó el badajo de un bastón en la campana de cobre de la bastonera y poco después en el felpudo del pasillo se sintieron pasos en voz baja, y como remate un criado, al que destacaron en el umbral de la habitación las linternas de sus guantes blancos, pronunció el nombre del excelentísimo señor don Reinaldo dos Santos de Alburquerque da Silva.

Durante un largo rato, como cuando los pájaros trinan al encontrarse en un mismo árbol, se repartieron cortesías, saludos y excelencias entre los tres reunidos. El excelentísimo señor don Reinaldo dos Santos traía un esmoquin intachable y en su pechera lucía esa perla verdadera en que se conoce a los americanos verdaderos.

Don Reinaldo comenzó a acariciar las pantallas como si fuesen gorrotes de niños, y alabó copiosamente todas aquellas riquezas que convertían en sacristía búdica el salón de doña Lía y don Américo. Al llegar al pez se quedó asombrado, como si hubiese hallado una de esas joyas únicas que se muestran en las vitrinas centrales de los museos.

—Pero ¿qué pez es éste? —preguntó balbuceando ante las irisaciones con que coqueteaba bajo sus miradas, soltando burbujas de ópalo, mientras sonreía como un pez irónico y superior.

—¡Ah, este pez es un pez inencontrable y mágico! —dijo ponderativo don Américo.

Don Reinaldo miraba el fondo de la pecera como un pájaro que sólo mira con un ojo para ver mejor lo que cae bajo su vista.

—¡Un pez como éste no lo habrá visto su excelencia jamás! —añadió doña Lía, aumentando el interés de la visión.

El pez se movía en el agua con pretensiones de bolsillo de brillantes y zafiros montados sobre malla de oro.

—Este pez —insistió don Américo— es un pez único de la India, que ha necesitado cien años de cruces y cuidados para tener tan bellos matices. Ha consumido las vidas de un padre, un hijo y un nieto, dedicados a añadirle lóbulos de perfección.

—¡Si le dijéramos lo que le ha costado, se quedaría usted patidifuso!... ¡Cinco mil pesos! —declaró doña Lía, dejando inmóvil al invitado.

Durante unos minutos, el joven de tierra adentro tomó el aspecto enigmático del indígena malicioso acariciando la idea del crimen. El bigotico con que imitaba a los héroes de pantalla se despegaba de su rostro de color amulatado, y su sonrisa se fue abriendo en sonrisa de máscara.

Don Américo y doña Lía se miraron satisfechos de ver una admiración tan enorme frente a su pez único.

Don Reinaldo espiaba en un espejo lejano el gesto de los dueños de la casa, y, volviéndoles la espalda, en un santiamén metió la mano en la pecera, apañó el pez y en un abrir y cerrar de ojos, ¡zas!, se tragó el pez inaudito, el pez insólito, la filigrana tierna y centenaria.

—¡Oh!

—¡Ah!

Dos inmensas exclamaciones de pavor atravesaron como dos balas el espejo, en que don Reinaldo, después de haber hecho el gesto infernal de quien se ha tragado toda la caja de las píldoras en vez de la pildorita indicada, volvía a sonreír satisfecho.

—¿Pero qué ha hecho su excelencia?

—¿Pero cómo ha podido hacer su excelencia eso? —preguntaron uno tras otro, con idéntica incomprensión, doña Lía y don Américo.

Don Reinaldo, cínico y lleno de sensatez salvaje, respondió:

—¡Un pez de cinco mil pesos!¡Pues no es nada la suerte!¿Es que creen ustedes que volveré a encontrarme nunca un pez así? Lo contaré en todas partes como la fechoría más gloriosa de mi vida. ¡Haberse comido un pez de cinco mil pesos!

Don Américo, que lo oía atónito y colérico, se dirigió a él con gesto de rey de la tribu que echa del poblado al transgresor de la ley, y, señalándole con el dedo la puerta, le dijo:

—¡Váyase!… Ya ha comido usted en mi casa para toda la vida.

—Muchas gracias —respondió don Reinaldo—; ha bastado el entremés para quitarme el apetito… Muchas gracias.

Y don Reinaldo desapareció en el pasillo.

Cuentos españoles. Antología.
La Habana, Editorial Arte y Cultura, 1976.

■ EJERCICIOS PARA EL ESTUDIO DEL LÉXICO Y LA COMPRENSIÓN DEL TEXTO ■

¿Cuáles de las palabras siguientes se refieren al mobiliario de una casa?

salón, mecedora, mesita, felpudo, enchufes, biombos, azulejo, pecera, espejo, altillo, dintel, artesonado, terraza, loseta.

2

Completa los espacios en blanco con las palabras del recuadro.

renta, cafetal, etiqueta, mecedora, enchufe, zafiro, entremés, pecera, felpudo

1. El fruto del café se produce en un ....

2. Cuando entramos en una casa pisamos el ....

3. A veces, los peces viven en una ....

4. Una .... es una especie de silla que se mueve de adelante hacia atrás.

5. Las prendas de vestir llevan una .... en la parte de atrás.

6. Detrás de los electrodomésticos suele haber un ....

7. El .... precede a una comida.

8. La .... es un beneficio económico.

9. Un collar, una corona, una pulsera pueden estar hechos de ....

3

Relaciona las palabras de los recuadros y forma parejas de sinónimos.

paz, inverosímil, floreciente, sonrosada, copiosamente, malicioso, inaudito, ponderativo, misterioso, patidifuso, adoración

insólito, abundantemente, pícaro, enigmático, tranquilidad, resplandeciente, pretencioso, admiración, sorprendente, coloreada, sorprendido

4

Describe el pez de doña Lía y don Américo. ¿Cuáles de los siguientes epítetos referidos al pez aparecen en el texto?

1. millonario / capitalista

2. mago / mágico

3. invisible / inencontrable

4. importante / superior

5. último / único

6. increíble / inaudito

7. milenario / centenario

8. blando / tierno

5

Señala qué forma verbal aparece en cada una de las frases y relaciónala con el infinitivo correspondiente.

> *mecerse, quedarse, inyectar, balbucear, tragarse, espiar, preguntar, despegarse, alabar*

1. Inyectando enchufes en todas las paredes.

2. Alabó copiosamente todas aquellas riquezas.

3. Mécete.

4. Preguntó balbuceando.

5. Se quedaría patidifuso.

6. Se ha tragado toda la caja de píldoras.

7. Don Reinaldo espiaba en un espejo lejano el gesto de los dueños.

8. El bigotico se despegaba de su rostro.

6

Teniendo en cuenta el relato que has leído, señala si son verdaderas o falsas las siguientes afirmaciones:

1. Don Américo y doña Lía viven en Japón.................................... V F

2. Este matrimonio ha decorado su casa de forma sencilla y austera... V F

3. El matrimonio vive de las rentas de sus cafetales..................... V F

4. El objeto más preciado de su salón es un pez inverosímil................. V F

5. Este pez es un ejemplar común y fácil de encontrar.................... V F

6. El matrimonio ha invitado a cenar a un desconocido....................... V F

7. Don Reinaldo no manifiesta asombro ante el pez................................. ☑ F

8. Don Reinaldo se come el pez para fastidiar a sus anfitriones......... ☑ F

9. A don Américo y a doña Lía no les importa lo que ha hecho
su invitado... ☑ F

10. A don Reinaldo se le ha quitado el apetito....................................... ☑ F

7

Completa las frases con las preposiciones necesarias:

1. El gabinete brasileño tenía aire .... decoración del rey Midas.

2. Durante largo rato se repartieron cortesías, saludos y excelencias
.... los reunidos.

3. Su sonrisa se fue abriendo .... sonrisa de máscara.

4. .... un abrir y cerrar de ojos, ¡zas!, se tragó el pez inaudito.

5. .... un santiamén metió la mano .... la pecera.

6. Ha bastado el entremés .... quitarme el apetito.

7. ¡Ya ha comido usted .... mi casa .... toda la vida!

8

Completa el texto con las palabras del recuadro.

> pantallas, copiosamente, sacristía, joyas, gorrotes, asombrado, cruces,
> coqueteaba, tragarse, vitrinas, perfección, irónico, burbujas, malla, zafiros,
> insólito, filigrana, riquezas, matices, pretensiones

Cuando entró en el salón, don Reinaldo comenzó a acariciar las

.... como si fuesen .... de niños, y alabó

.... todas aquellas .... que convertían en

.... búdica el salón de doña Lía y don Américo. Al llegar al pez

se quedó ...., como si hubiese hallado una de esas

.... únicas que se muestran en las .... centra-

les de los museos. Este pez, le dijo don Américo, ha necesitado cien años de

.... y cuidados para tener tan bellos .... Ha

consumido las vidas de un padre, un hijo y un nieto, dedicados a añadirle

lóbulos de .... El pez .... bajo sus miradas sol-

tando .... de ópalo, mientras sonreía como un pez

.... y superior, al tiempo que se movía en el agua con

.... de bolsillo de brillantes y .... montados

sobre .... de oro. Don Reinaldo, haciendo gala de un cinismo

inaudito, ... el pez ...., la ....

tierna y centenaria.

9

Expresión oral y escrita

Este relato contiene buenas dosis de ironía, que se reflejan en las descripciones de doña Lía y don Américo, así como en las relaciones que estos personajes mantienen con su invitado, don Reinaldo. Señala las frases que destacan por ese tono irónico.

1. ¿Cómo es la relación entre los tres personajes? ¿Es sincera o de conveniencia?

2. La actitud de don Reinaldo, ¿es comprensible o inaceptable? Justifica la respuesta.

3. El pez inverosímil es el verdadero protagonista del relato. Di si estás de acuerdo y explica hasta qué punto influye en la composición y el desenlace del relato.

4. El mundo marino y los peces, en general, atraen a muchísimas personas. Para estar más cerca de ellos, los tenemos en peceras en las casas y también los visitamos en acuarios, verdaderos museos marinos vivientes. ¿Cuál es tu opinión respecto a tener peceras en las casas?

5. ¿Has visitado un acuario alguna vez? ¿Qué impresión te causó?

6. Comemos pescado y mariscos, es decir, comemos animales capturados en los ríos, en los mares o en los océanos. La pesca es un deporte y una gran industria. Escribe sobre estos temas y aporta tu opinión. ¿Consideras necesaria o nociva la industria pesquera?

7. Escribe sobre el mundo marino y sus innumerables e insondables misterios basándote en lo que hayas leído o visto en el cine y la televisión, o bien en lo que hayas conocido personalmente de este mundo fascinante.

MARIO BENEDETTI

3   *La noche de los feos*

> **Mario Benedetti** nació en Paso de los Toros (Uruguay) en 1920. Es uno de los autores hispanoamericanos más prolíficos y destacados. Cultivador de las más diversas formas de expresión (desde la novela hasta la poesía, pasando por el teatro, el ensayo, el artículo periodístico y la canción popular), Mario Benedetti ha logrado una singular maestría en el género del cuento. *Andamios* (Alfaguara, 1997) es su última novela.

VOCABULARIO BÁSICO

*pómulo,
quemadura,
adolescencia,
infortunio,
resignación,
resentimiento,
espantajos,
coraje, surco,
animadversión,
desparpajo,
horror,
franqueza,
diagnóstico,
pellejo, ceño,
hendedura,
ojeada*

Ambos somos feos. Ni siquiera vulgarmente feos. Ella tiene un pómulo hundido. Desde los ocho años cuando le hicieron la operación. Mi asquerosa marca junto a la boca viene de una quemadura feroz, ocurrida a comienzos de mi adolescencia.

Tampoco puede decirse que tengamos ojos tiernos, esa suerte de faros de justificación por los que a veces los horribles consiguen arrimarse a la belleza. No, de ningún modo. Tanto los de ella como los míos son ojos llenos de resentimiento, que sólo reflejan la poca o ninguna resignación con que enfrenta-

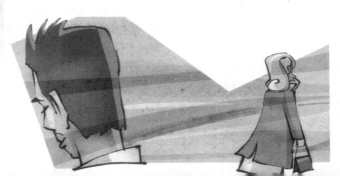

mos nuestro infortunio. Quizá eso nos haya unido. Tal vez unido no sea la palabra más apropiada. Me refiero al odio implacable que cada uno de nosotros siente por su propio rostro.

Nos conocimos a la entrada del cine, haciendo cola para ver en la pantalla a dos hermosos cualesquiera. Allí fue donde por primera vez nos examinamos sin simpatía pero con oscura solidaridad; allí fue donde registramos, ya desde la primera ojeada, nuestras respectivas soledades. En la cola todos estaban de a dos, pero además eran auténticas parejas: esposos, novios, amantes, abuelitos, vaya uno a saber. Todos —de la mano o del brazo— tenían a alguien. Sólo ella y yo teníamos las manos sueltas y crispadas.

Nos miramos las respectivas fealdades con detenimiento, con insolencia, sin curiosidad. Recorrí la hendedura de su pómulo con la garantía de desparpajo que me otorgaba mi mejilla encogida. Ella no se sonrojó. Me gustó que fuera dura, que devolviera mi inspección con una ojeada minuciosa a la zona lisa, brillante, sin barba, de mi vieja quemadura.

Por fin entramos. Nos sentamos en filas distintas, pero contiguas. Ella no podía mirarme, pero yo, aun en la penumbra, podía distinguir su nuca de pelos rubios, su oreja fresca, bien formada. Era la oreja de su lado normal.

Durante una hora y cuarenta minutos admiramos las respectivas bellezas del rudo héroe y la suave heroína. Por lo menos yo he sido siempre capaz de admirar lo lindo. Mi animadversión la reservo para mi rostro, y a veces para Dios. También para el rostro de otros feos, de otros espantajos. Quizá debería sentir piedad, pero no puedo. La verdad es que son algo así como espejos. A veces me pregunto qué suerte habría corrido el mito si Narciso hubiera tenido un pómulo hundido, o el ácido le hubiera quemado la mejilla, o le faltara media nariz, o tuviera una costura en la frente.

La esperé a la salida. Caminé unos metros junto a ella, y luego le hablé. Cuando se detuvo y me miró, tuve la impresión de que vacilaba. La invité a que charláramos un rato en un café o en una confitería. De pronto aceptó.

La confitería estaba llena, pero en ese momento se desocupó una mesa. A medida que pasábamos entre la gente, quedaban a nuestras espaldas las señas, los gestos de asombro. Mis antenas están particularmente adiestradas para captar esa curiosidad enfermiza, ese inconsciente sadismo de los que tienen un rostro corriente, milagrosamente simétrico. Pero esta vez ni siquiera era necesaria mi adiestrada intuición, ya que mis oídos alcanzaban a registrar murmullos, tosecitas, falsas carrasperas. Un rostro horrible y aislado tiene evidentemente su interés; pero dos fealdades juntas constituyen en sí mismas un espectáculo mayor, poco menos que coordinado; algo que se debe mirar en compañía, junto a uno (o una) de esos bien parecidos con quienes merece compartirse el mundo.

Nos sentamos, pedimos dos helados, y ella tuvo coraje (eso también me gustó) para sacar del bolso su espejito y arreglarse el pelo. Su lindo pelo.

—¿Qué está pensando? —pregunté.

Ella guardó el espejo y sonrió. El pozo de la mejilla cambió de forma.

—Un lugar común —dijo—. Tal para cual.

Hablamos largamente. A la hora y media hubo que pedir dos cafés para justificar la prolongada permanencia. De pronto me di cuenta de que tanto ella como yo estábamos hablando con una franqueza tan hiriente que amenazaba traspasar la sinceridad y convertirse en un casi equivalente de la hipocresía. Decidí tirarme a fondo.

—Usted se siente excluida del mundo, ¿verdad?

—Sí —dijo, todavía mirándome.

—Usted admira a los hermosos, a los normales. Usted quisiera tener un rostro tan equilibrado como esa muchachita que está a su derecha, a pesar de que usted es inteligente, y ella, a juzgar por su risa, irremisiblemente estúpida.

—Sí.

Por primera vez no pudo sostener mi mirada.

—Yo también quisiera eso. Pero hay una posibilidad, ¿sabe? De que usted y yo lleguemos a algo.

—¿Algo como qué?

—Como querernos, caramba. O simplemente congeniar. Llámelo como quiera, pero hay una posibilidad.

Ella frunció el ceño. No quería concebir esperanzas.

—Prométame no tomarme por un chiflado.

—Prometo.

—La posibilidad es meternos en la noche. En la noche íntegra. En lo oscuro total. ¿Me entiende?

—No.

—¡Tiene que entenderme! Lo oscuro total. Donde usted no me vea, donde yo no la vea. Su cuerpo es lindo, ¿no lo sabía?

Se sonrojó y la hendedura de su mejilla se volvió súbitamente escarlata.

—Vivo solo, en un apartamento, y queda cerca.

Levantó la cabeza y ahora sí me miró preguntándome, averiguando sobre mí, tratando desesperadamente de llegar a un diagnóstico.

—Vamos —dijo.

No sólo apagué la luz sino que además corrí la doble cortina. A mi lado ella respiraba. Y no era una respiración afanosa. No quiso que la ayudara a desvestirse.

Yo no veía nada, nada. Pero igual pude darme cuenta de que ahora estaba inmóvil, a la espera. Estiré cautelosamente una mano, hasta hallar su pecho. Mi tacto me transmitió una versión estimulante, poderosa. Así vi su vientre, su sexo. Sus manos también me vieron.

En ese instante comprendí que debía arrancarme (y arrancarla) de aquella mentira que yo mismo había fabricado. O intentado fabricar. Fue como un relámpago. No éramos eso. No éramos eso.

Tuve que recurrir a todas mis reservas de coraje, pero lo hice. Mi mano ascendió lentamente hasta su rostro, encontró el surco de horror, y empezó una lenta, convincente, y convencida caricia. En realidad, mis dedos (al principio un poco temblorosos, luego progresivamente serenos) pasaron muchas veces sobre sus lágrimas.

Entonces, cuando yo menos lo esperaba, su mano también llegó a mi cara, y pasó y repasó el costurón y el pellejo liso, esa isla sin barba, de mi marca siniestra.

Lloramos hasta el alba. Desgraciados, felices. Luego me levanté y descorrí la cortina doble.

Cuentos. Madrid,
Alianza Editorial, 1982.

■ **EJERCICIOS PARA EL ESTUDIO DEL LÉXICO Y LA COMPRENSIÓN DEL TEXTO** ■

1

Haz una lista con las palabras que en el texto se relacionan con el campo temático: APARIENCIA FÍSICA.

2

Busca en el diccionario una definición para las palabras siguientes:

quemadura, resignación, resentimiento, fealdad, hendedura, hermosura, animadversión, carraspera, coraje, diagnóstico, franqueza, hipocresía.

3

Relaciona las palabras de los recuadros y forma parejas de sinónimos.

> hundido, feroz, apropiada, crispada, contiguas, coraje, adiestrada, hiriente, estúpida, chiflado, convincente, siniestra

> caído, salvaje, dañino, persuasivo, correcta, exasperada, loco, adyacentes, tonta, domesticada, valor, macabra

4

Puntúa el siguiente párrafo:

La confitería estaba llena pero en ese momento se desocupó una mesa a medida que pasábamos entre la gente quedaban a nuestras espaldas las señas los gestos de asombro mis antenas están particularmente adiestradas para captar esa curiosidad enfermiza ese inconsciente sadismo de los que tienen un rostro corriente milagrosamente simétrico pero esta vez ni siquiera era necesaria mi adiestrada intuición ya que mis oídos alcanzaban a registrar murmullos tosecitas falsas carrasperas un rostro horrible y aislado tiene evidentemente su interés pero dos fealdades juntas constituyen en sí mismas un espectáculo mayor poco menos que coordinado algo que se debe mirar en compañía junto a uno (o una) de esos bien parecidos con quienes merece compartirse el mundo

5

Completa el texto con la forma verbal adecuada:

Durante una hora y cuarenta minutos *(admirar)* .... las respectivas bellezas del rudo héroe y la suave heroína. Por lo menos yo *(ser)* .... siempre capaz de admirar lo lindo. Mi animadversión la *(reservar)* .... para mi rostro, y a veces para Dios. También para el rostro de otros feos, de otros espantajos. Quizá *(deber)* .... sentir piedad, pero no *(poder)* .... La verdad *(ser)* .... que son algo así como espejos. A veces *(preguntarse)* .... qué suerte *(correr)* .... el mito si Narciso *(tener)* .... un pómulo hundido, o el ácido *(quemarle)* .... la mejilla, o *(faltarle)* .... media nariz, o *(tener)* .... una costura en la frente.

6

Teniendo en cuenta lo leído, señala si son verdaderas o falsas las afirmaciones siguientes:

1. Los dos protagonistas se enamoran porque son muy feos............... V F

2. Se conocen haciendo cola para entrar en un cine............................. V F

3. Ellos son conscientes de su fealdad, pero no les preocupa................ V F

4. La gente no les presta atención cuando entran en la cafetería........ V F

5. Ella tiene un pómulo hundido, pero su pelo es bonito...................... V F

6. El narrador se enamora de ella por su inteligencia........................... V F

7. El narrador no tiene barba... V F

8. Los dos se aceptan como son.. V F

9. Ellos no tienen envidia de los actores y actrices hermosos............... V F

7

Señala cuáles de las expresiones siguientes remiten a localizaciones temporales y espaciales en el texto:

1. desde los ocho años

2. a comienzos de mi adolescencia

3. a la entrada del cine

4. durante una hora y cuarenta minutos

5. la esperé a la salida

6. a la hora y media

7. en la noche íntegra

8. en ese momento se desocupó una mesa

9. a mi lado ella respiraba

10. en ese instante comprendí

11. donde usted no me vea

8

Completa el texto con las palabras del recuadro.

> *piedad, pómulo, heroína, adiestradas, sadismo, animadversión, espantajos, charlar, simétrico, corriente, señas, capaz, rostro, mito, frente, asombro, enfermiza, antenas, bellezas, espejos*

Durante una hora y cuarenta minutos admiramos las respectivas .... del rudo héroe y la suave .... Por lo menos yo he sido siempre .... de admirar lo lindo. Mi .... la reservo para mi .... También para el rostro de otros .... Debería sentir ...., pero no puedo. La verdad es que son algo así como .... A veces me pregunto qué suerte habría corrido el .... si Narciso hubiera tenido un .... hundido, o el ácido le hubiera quemado la mejilla, o le faltara media nariz, o tuviera una costura en la .... La invité a .... en una cafetería y aceptó. A medida que pasábamos entre la gente, quedaban a nuestras espaldas las ...., los gestos de .... Mis .... están particularmente .... para captar esa curiosidad ...., ese inconsciente .... de los que tienen un rostro ...., milagrosamente ....

9

Expresión oral y escrita

1. Los protagonistas del relato destacan por su fealdad. Comenta y escribe acerca de su relación y de sus sentimientos y emociones al encontrarse. ¿Cómo consiguen aceptarse y valorarse el uno al otro?

2. Generalmente, los bellos más que los feos acaparan nuestra atención: ocupan las portadas de las revistas, son los que atraen a los medios de comunicación. Escribe acerca de este tema y de cómo influye el aspecto físico en nuestra sociedad de consumo.

3. Los modelos masculinos y femeninos de belleza son imitados por muchos jóvenes, con los consiguientes problemas psicológicos que esto acarrea. Escribe acerca de esta cuestión tan actual.

4. ¿Qué sabes del mito de Narciso? ¿De dónde proviene? ¿Existen mitos de este tipo en otras culturas?

5. En los cuentos infantiles, los buenos son bellos y los feos son malvados. ¿Conoces cuentos en que los personajes feos posean cualidades morales positivas? Escribe una redacción sobre un personaje de ficción feo, pero positivo y bueno.

6. Comenta hasta qué punto es importante para ti la belleza física o exterior, y si es más importante la belleza moral o interior.

JOSÉ DONOSO

4 *Una señora*

José Donoso nació en Santiago de Chile en 1925, en el seno de una familia de médicos y abogados. Fue profesor de literatura en la Universidad de Chile y posteriormente en las de Princeton y Darmouth. Sus novelas *Coronación* (1958), *El lugar sin límites* (1967), *El obsceno pájaro de la noche* (1970) han sido aclamadas por la crítica y los lectores. En 1972 publicó su obra testimonial *Historia personal del "boom"*. Poco después de su muerte, acaecida en 1996, apareció el libro autobiográfico *Conjeturas sobre la memoria de mi tribu*. También póstuma es su novela *El Mocho* (1997).

VOCABULARIO BÁSICO

certeza, boquete, tranvía, vaho, facciones, banal, apogeo, melodramática, sendero, antojo, extramuros, chal, manguera, deudos, cejijunta, impermeable, nicho, ataúd

No recuerdo con certeza cuándo fue la primera vez que me di cuenta de su existencia. Pero si no me equivoco, fue cierta tarde de invierno en un tranvía que atravesaba un barrio popular.

Cuando me aburro de mi pieza y de mis conversaciones habituales, suelo tomar algún tranvía cuyo recorrido desconozca, y pasear así por la ciudad. Esa tarde llevaba un libro por si se me antojaba leer, pero no lo abrí. Estaba lloviendo esporádicamente y el tranvía avanzaba casi vacío. Me senté junto a una ventana, limpiando un boquete en el vaho del vidrio para mirar las calles.

No recuerdo el momento exacto en que ella se sentó a mi lado. Pero cuando el tranvía hizo alto en una esquina, me invadió aquella sensación tan corriente y, sin embargo, misteriosa, que cuanto veía, el momento justo y sin importancia como era, lo había vivido antes o tal vez soñado. La escena me pareció la reproducción exacta de otra que me fuese conocida: delante de mí, un cuello rojizo vertía sus pliegues sobre una camisa deshilachada; tres o cuatro personas dispersas ocupaban los asientos del tranvía; en la esquina había una botica de barrio con su letrero luminoso, y un carabinero bostezó junto al buzón rojo, en la oscuridad que cayó en pocos minutos. Además, vi una rodilla cubierta por un impermeable verde junto a mi rodilla.

Conocía la sensación, y más que turbarme me agradaba. Así, no me molesté en indagar dentro de mi mente dónde y cómo sucediera todo esto antes. Despaché la sensación con una irónica sonrisa interior, limitándome a volver la mirada para ver lo que seguía de esa rodilla cubierta con un impermeable verde.

Era una señora. Una señora que llevaba un paraguas mojado en la mano y un sombrero funcional en la cabeza. Una de esas señoras cincuentonas, de las que hay por miles en esta ciudad: ni hermosa ni fea, ni pobre ni rica. Sus facciones regulares mostraban los restos de una belleza banal. Sus cejas se juntaban más de lo corriente sobre el arco de la nariz, lo que era el rasgo más distintivo de su rostro.

Hago esta descripción a la luz de hechos posteriores, porque fue poco lo que de la señora observé entonces. Sonó el timbre, el tranvía partió haciendo desvanecerse la escena conocida, y volví a mirar la calle por el boquete que limpiara en el vidrio. Los faroles se encendieron. Un chiquillo salió de un despacho con dos zanahorias y un pan en la mano. La hilera de casas bajas se prolongaba a lo largo de la acera: ventana, puerta, ventana, puerta, dos ventanas, mientras los zapateros, gasfíteres, y verduleros cerraban sus comercios exiguos.

Iba tan distraído que no noté el momento en que mi compañera de asiento se bajó del tranvía. ¿Cómo había de notarlo si después del instante en que la miré ya no volví a pensar en ella?

No volví a pensar en ella hasta la noche siguiente.

Mi casa está situada en un barrio muy distinto a aquel por donde me llevara el tranvía la tarde anterior. Hay árboles en las aceras y las casas se ocultan a medias detrás de rejas y matorrales. Era bastante tarde y yo estaba cansado, ya que pasé gran parte de la noche charlando con amigos ante cervezas y tazas de café. Caminaba a mi casa con el cuello del abrigo muy subido. Antes de atravesar la calle divisé una figura que se me antojó familiar, alejándose bajo la oscuridad de las ramas. Me detuve, observándola un instante. Sí, era la mujer que iba junto a mí en el tranvía la tarde anterior. Cuando pasó bajo un farol reconocí inmediatamente su impermeable verde. Hay miles de impermeables verdes en esta ciudad, sin embargo no dudé de que se trataba del suyo, recordándola a pesar de haberla visto sólo unos segundos en que nada de ella me impresionó. Crucé a la otra acera. Esa noche me dormí sin pensar en la figura que se alejaba bajo los árboles por la calle solitaria.

Una mañana de sol, dos días después, vi a la señora en una calle céntrica. El movimiento de las doce estaba en su apogeo. Las mujeres se detenían en las vidrieras para discutir la posible adquisición de un vestido o de una tela. Los hombres salían de sus oficinas con documentos bajo el brazo. La reconocí de nuevo al verla pasar mezclada con todo esto, aunque no iba vestida como en las veces anteriores. Me cruzó una ligera extrañeza de por qué su identidad no se había borrado de mi mente, confundiéndola con el resto de los habitantes de la ciudad.

En adelante comencé a ver a la señora bastante seguido. La encontraba en todas partes y a toda hora. Pero a veces pasaba una semana o más sin que la viera. Me asaltó la idea melodramática de que quizás se ocupara en seguirme. Pero la deseché al constatar que ella, al contrario que yo, no me identificaba en medio de la multitud. A mí, en cambio, me gustaba percibir su

identidad entre tanto rostro desconocido. Me sentaba en un parque y ella lo cruzaba llevando un bolsón con verduras. Me detenía a comprar cigarrillos, y estaba ella pagando los suyos. Iba al cine y allí estaba la señora, dos butacas más allá. No me miraba, pero yo me entretenía observándola. Tenía la boca más bien gruesa. Usaba un anillo grande, bastante vulgar.

Poco a poco la comencé a buscar. El día no me parecía completo sin verla. Leyendo un libro, por ejemplo, me sorprendía haciendo conjeturas acerca de la señora en vez de concentrarme en lo escrito. La colocaba en situaciones imaginarias en medio de objetos que yo desconocía. Principié a reunir datos acerca de su persona, todos carentes de importancia y de significación. Le gustaba el color verde. Fumaba sólo cierta clase de cigarrillos. Ella hacía las compras para las comidas de su casa.

A veces sentía tal necesidad de verla, que abandonaba cuanto me tenía atareado para salir en su busca. Y en algunas ocasiones la encontraba. Otras no, y volvía malhumorado a encerrarme en mi cuarto, no pudiendo pensar en otra cosa durante el resto de la noche.

Una tarde salí a caminar. Antes de volver a casa, cuando oscurecía, me senté en el banco de una plaza. Sólo en esta ciudad existen plazas así. Pequeña y nueva, parecía un accidente en ese barrio solitario, ni próspero ni miserable. Los árboles eran raquíticos, como si se hubieran negado a crecer, ofendidos al ser plantados en terreno tan pobre, en un sector tan opaco y anodino. En una esquina, una fuente de soda aclaraba las figuras de tres muchachos que charlaban en medio del charco de luz. Dentro de una pileta seca, que al parecer nunca se terminó de construir, había ladrillos trizados, cáscaras de fruta, papeles. Las parejas apenas conversaban en los bancos, como si la fealdad de la plaza no propiciara mayor intimidad.

Por uno de los senderos vi avanzar a la señora, del brazo de otra mujer. Hablaban con animación, caminando lentamente. Al pasar frente a mí, oí que la señora decía con tono acongojado:

—¡Imposible!

La otra mujer pasó el brazo en torno a los hombros de la señora para consolarla. Circundando la pileta inconclusa se alejaron por otro sendero.

Inquieto, me puse de pie y eché a andar con la esperanza de encontrarlas, para preguntar a la señora qué había sucedido. Pero desaparecieron por las calles en que unas cuantas personas transitaban en pos de los últimos menesteres del día.

No tuve paz la semana que siguió de este encuentro. Paseaba por la ciudad con la esperanza de que la señora se cruzara en mi camino, pero no la vi. Parecía haberse extinguido, y abandoné todos mis quehaceres, porque ya no poseía la menor facultad de concentración. Necesitaba verla pasar, nada más, para saber si el dolor de aquella tarde en la plaza continuaba. Frecuenté los sitios en que soliera divisarla, pensando detener a algunas personas que se me antojaban sus parientes o amigos para preguntarles por la señora. Pero no hubiera sabido por quién preguntar y los dejaba seguir. No la vi en toda esa semana.

Las semanas siguientes fueron peores. Llegué a pretextar una enfermedad para quedarme en cama y así olvidar esa presencia que llenaba mis ideas. Quizás al cabo de varios días sin salir la encontrara de pronto el primer día y cuando menos lo esperara. Pero no logré resistirme, y salí después de dos días en que la señora habitó mi cuarto en todo momento. Al levantarme me sentí débil, físicamente mal. Aun así tomé tranvías, fui al cine, recorrí el mercado y asistí a una función de un circo de extramuros. La señora no apareció por parte alguna.

Pero después de algún tiempo la volví a ver. Me había inclinado para atar un cordón de mis zapatos y la vi pasar por la soleada acera de enfrente, llevando una gran sonrisa en la boca y un ramo de aromos en la mano, los primeros de la estación que comenzaba. Quise seguirla, pero se perdió en la confusión de las calles.

Su imagen se desvaneció en mi mente después de perderle el rastro en aquella ocasión. Volví a mis amigos, conocí a gente y paseé solo o acompañado por las calles. No es que la olvidara. Su presencia, más bien, parecía haberse confundido con el resto de las personas que habitan la ciudad.

Una mañana, tiempo después, desperté con la certeza de que la señora se estaba muriendo. Era domingo, y después del almuerzo salí a caminar bajo los árboles de mi barrio. En un balcón, una anciana tomaba el sol con sus rodillas cubiertas por un chal peludo. Una muchacha, en un prado, pintaba de rojo los muebles de jardín, alistándolos para el verano. Había poca gente, y los objetos y los ruidos se dibujaban con precisión en el aire nítido: pero en alguna parte de la misma ciudad por la que yo caminaba, la señora iba a morir.

Regresé a casa y me instalé en mi cuarto a esperar.

Desde mi ventana vi cimbrarse en la brisa los alambres del alumbrado. La tarde fue madurando lentamente más allá de los techos, y más allá del cerro, la luz fue gastándose más y más. Los alambres seguían vibrando, respirando. En el jardín alguien regaba el pasto con una manguera. Los pájaros se aprontaban por la noche, colmando de ruido y movimiento las copas de todos los árboles que veía desde mi ventana. Rió un niño en el jardín vecino. Un perro ladró.

Instantáneamente después, cesaron todos los ruidos al mismo tiempo y se abrió un pozo de silencio en la tarde apacible. Los alambres no vibraban ya. En un barrio desconocido, la señora había muerto. Cierta casa entornaría su puerta esa noche, y arderían cirios en una habitación llena de voces quedas y de consuelos. La tarde se deslizó hacia un final imperceptible, apagándose todos mis pensamientos acerca de la señora. Después me debo de haber dormido, porque no recuerdo más de esa tarde.

Al día siguiente vi en el diario que los deudos de doña Ester de Arancibia anunciaban su muerte, dando la hora de los funerales. ¿Podría ser?... Sí. Sin duda era ella.

Asistí al cementerio, siguiendo el cortejo lentamente por las avenidas largas, entre personas silenciosas que conocían los rasgos y la voz de la mujer por quien sentían dolor. Después caminé un rato bajo los árboles oscuros, porque esa tarde asoleada me trajo una tranquilidad esencial.

Ahora pienso en la señora sólo muy de tarde en tarde.

A veces me asalta la idea, en una esquina por ejemplo, que la escena presente no es más que reproducción de otra, vivida anteriormente. En esas ocasiones se me ocurre que voy a ver pasar a la señora, cejijunta y de impermeable verde. Pero me da un poco de risa, porque yo mismo vi depositar su ataúd en el nicho, en una pared con centenares de nichos todos iguales.

Cuentos. Barcelona,
Seix Barral, 1971.

■ EJERCICIOS PARA EL ESTUDIO DEL LÉXICO Y LA COMPRENSIÓN DEL TEXTO ■

Haz una lista con las palabras que en el texto se relacionan con el campo temático: CIUDAD.

2

Busca en el diccionario una definición para las palabras siguientes:

vaho, tranvía, botica, facciones, apogeo, conjeturas, cirio, alambre, ataúd, nicho, cementerio, cortejo, funeral.

3

Relaciona y forma parejas de sinónimos.

malhumorado, anodino, peludo, inconclusa, imperceptible, lentamente, certeza, nítido, dolor, reproducción

insignificante, sufrimiento, despacio, invisible, velludo, enfadado, inacabada, repetición, seguridad, claro

4

Ahora, forma parejas de antónimos.

esporádicamente, exacto, luminoso, distraído, exiguo, céntrica, extrañeza, próspero, fealdad, soleada, conocida

belleza, miserable, familiaridad, periférica, abundante, concentrado, opaco, inexacto, continuamente, sombría, desconocida

5

Escribe sustantivos, adjetivos y adverbios de la misma familia que los verbos siguientes:

recordar, despachar, bostezar, desvanecerse, atravesar, cruzar, dudar, confundir, participar, transitar.

6

Teniendo en cuenta lo que has leído, señala si las afirmaciones siguientes son verdaderas o falsas:

1. El narrador conoce a la señora en un tranvía... V F

2. Los dos hablan y se hacen amigos.. V F

3. La señora es muy especial y atrae la atención del narrador.............. V F

4. La señora se convierte en una obsesión para el narrador.................... V F

5. Se encuentran en todas partes y se saludan.......................... V F

6. La señora observa al narrador detenidamente........................ V F

7. El narrador presiente la muerte de la señora......................... V F

8. El narrador asiste al entierro de esta mujer........................... V F

9. Después del entierro, el narrador no puede dormir............... V F

10. El narrador sigue pensando en ella todos los días................. V F

7

Escribe con otras palabras las siguientes frases:

1. Esa tarde llevaba un libro por si se me antojaba leer, pero no lo abrí.

2. Despaché la sensación con una irónica sonrisa interior.

3. Sus facciones regulares mostraban los restos de una belleza banal.

4. Me puse de pie y eché a andar con la esperanza de encontrarlas.

5. No tuve paz la semana que siguió a este encuentro.

6. Después me debo de haber dormido, porque no recuerdo más esa tarde.

7. Ahora pienso en la señora muy de tarde en tarde.

8. No recuerdo con certeza cuándo fue la primera vez que me di cuenta de su existencia.

8

Completa el texto con las palabras del recuadro.

> *bancos, senderos, acongojado, inquieto, menesteres, animación, estanco,*
> *esperanza, impermeable, tranvía, sector, anodino, obsesión, raquíticos,*
> *intimidad, ofendidos, frente, inconclusa*

Después de encontrar a la señora del .... verde en un

.............................., esta mujer se convirtió en una ....

para mí, hasta el punto de que no dejaba de pensar en ella, y salía de casa con la esperanza de encontrarla en los parques, en el .... o en los tranvías. Una tarde salí a caminar. Antes de volver a casa, cuando oscurecía, me senté en el banco de una plaza. Los árboles eran ...., como si se hubieran negado a crecer, ... al ser plantados en terreno tan pobre, en un .... tan opaco y .... Las parejas apenas conversaban en los ...., como si la fealdad de la plaza no propiciara mayor .... Por uno de los .... vi avanzar a la señora, del brazo de otra mujer. Hablaban con ...., caminando lentamente. Al pasar .... a mí, oí que la señora se lamentaba con tono .... La otra mujer pasó el brazo en torno a los hombros de la señora para consolarla. Circundando la pileta .... se alejaron por otro sendero. ...., me puse de pie y eché a andar con la .... de encontrarlas. Pero desaparecieron por las calles en que unas personas transitaban en pos de los últimos del día.

9

Expresión oral y escrita

1. En este relato se nos muestra un narrador obsesivo y ensimismado con un problema que surge de su propia imaginación, al complicar demasiado la realidad pura y simple. Comenta o escribe sobre la personalidad de este narrador.

2. El relato trata el tema de los encuentros con gente extraña en los medios de transporte públicos. ¿Te ha sucedido algo semejante alguna vez? ¿Has tenido un encuentro especial con alguna persona que luego haya marcado tu vida?

3. Observar a las personas es una manera de conocer su comportamiento y su cultura, sobre todo si estamos en un país extraño. Escribe sobre los

comportamientos peculiares de las personas que hayas observado, si es posible, en diferentes países.

4. Los transportes públicos son espacios aptos para el hallazgo de situaciones imprevistas, o para el origen de historias fantasiosas. A menudo, imaginamos cosas acerca de las personas que observamos, pero que no conocemos. Comenta y escribe acerca de este tema.

5. Escribe sobre los transportes públicos: tranvías, autobuses, trenes de cercanías, etc., y comenta cuál es tu preferido y por qué. Si prefieres viajar en tu propio coche, justifica la respuesta.

ESTHER DÍAZ LLANILLO

5 *Anónimo*

Esther Díaz Llanillo nació en La Habana en 1934. Allí comenzó a publicar sus narraciones en diversas antologías de cuentos editadas en Cuba. La extraña fuerza que emana de sus textos, el lenguaje preciso y, sobre todo, el abordaje de una metarrealidad, la clasifican como un raro ejemplar en el contexto de las generaciones de cuentistas cubanas.

VOCABULARIO BÁSICO

*anónimo,
calzarse,
hambriento,
buhardilla,
peldaños,
barandilla,
correspondencia,
cartero,
mecanógrafo,
intriga,
peripecia,
amenaza,
umbral,
indagación,
ensangrentada*

Aquella mañana se levantó temprano y, sin calzarse, casi dormido, avanzó hacia la cocina hambriento.

Su habitación era peculiar: vivía en una buhardilla, al final de una larga escalera que trepaba por la parte posterior de la casa, como una culebra; los peldaños eran tan estrechos que uno temía resbalarse y caerse con suma facilidad; por otra parte, la escalera vibraba sospechosamente a cada paso y esto, unido a la insegura barandilla de hierro, hacía pensar que la vida del que se atrevía a utilizarla se hallaba en constante peligro. Como el cartero no comprendía estos riesgos, ni por vocación de su oficio, solía dejarle la correspondencia junto al primer apartamento de la planta baja del edificio, en una cajita de madera incrustada en la pared.

Le gustaba vivir allí, donde nadie lo molestaba, ni ruidos ni personas. No me atrevería a asegurar que aquello pudiera considerarse un hogar en el sentido exacto de la palabra: un cuadrilátero aprisionado entre cuatro paredes; dentro de él, a la izquierda de la puerta, otro cuadrilátero hacía de baño en condiciones tan reducidas que nos asombraba que cupiera en él un ser humano. Al final de un rectángulo, con pretensiones de corredor, estaba la sala-cuarto-cocina. De primera intención, lo que se percibía era una hornilla eléctrica sobre una mesa donde se amontonaban platos, cubiertos, un vaso, una taza con lápices, un portarretrato con el asombroso perfil de Michele Morgan y una fina capa de polvo de varios días. La cama era a la vez sofá. En las paredes de madera había fotografías de otras actrices, un cartel de propaganda y programas de teatro.

Cuando me dijeron aquella noticia de él, traté de reconstruir los hechos colocándome en su lugar; me basé en lo que pude adivinar de él en tan poco tiempo, pues habíamos trabajado juntos en la misma oficina durante cuatro meses, ambos como mecanógrafos, y no creo que este trabajo nos diera grandes oportunidades de conocernos. Sin embargo, creo poder reconstruir lo que pasó en aquellos días...

Esa mañana se levantó temprano, según dije al principio. Al encender la hornilla para calentar el café, le asombró descubrir un pequeño sobre blanco debajo de la puerta. Le extrañó que alguien se hubiera tomado el trabajo de subirlo hasta allí. Cogió el sobre y leyó: "Sr. Juan Ugarte Ruedas", escrito a mano, con una letra temblorosa e irregular. Inmediatamente rompió uno de los extremos y extrajo la carta, que decía con la misma letra del sobre: "Nombre: Juan Ugarte Ruedas. Edad: 34 años. Señas: Una pequeña marca tras la oreja derecha producto de una caída cuando niño. Gustos: Prefiere leer al acostarse; suele tardar en dormirse imaginando todas las peripecias de un viaje a Francia que en realidad no puede costear. Detalle: Ayer, alrededor de las once de la noche, se cortó levemente el índice de la mano derecha tratando de abrir una lata de conservas. Anónimo". Aquello lo intrigó. ¿Qué propósito podía perseguir quien le mandaba la carta, jugándole la broma de firmarla Anónimo como si ya no fuera evidente que se trataba de un anónimo? Por otra parte, ¿cómo sabía Anónimo todos aquellos detalles de su vida? Su primera preocupación fue averiguar si le había contado a alguien esos detalles; no lo recordaba.

En estas y otras cavilaciones pasó toda la jornada, salvo las horas de oficina y de almuerzo, pues tenía la costumbre de ser reservado con todos, hasta consigo mismo cuando estaba con los demás. Por la noche, como es lógico, reanudó estos pensamientos y llegó a la conclusión de que recibiría otro, algún día, quizás más pronto de lo que esperaba; tuvo un sueño intranquilo y por primera vez se olvidó de su viaje a Francia antes de dormirse.

Al día siguiente, octubre 13, recibió otra carta misteriosa. Como la anterior, venía fechada y escrita con letra irregular y nerviosa, decía: "Padres: Regino Ugarte, cafetero. Madre: Silvia Ruedas, bailarina. El primero ha muerto; la segunda, huyó del hogar cuando usted tenía nueve años, desconoce su paradero y no le interesa saberlo. Educación: Autodidacta desde los quince años. Preocupaciones: Teme que los demás lean sus pensamientos. Anónimo".

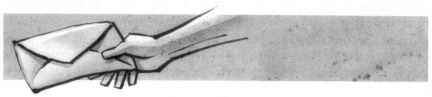

Durante varios días estuvo recibiendo comunicaciones de Anónimo que revelaban detalles de su pasado, de su vida cotidiana y de sus procesos mentales que sólo podía saber él mismo, o alguien que tuviera poderes extraordinarios. No lo aterraba esto, sino el pensar que en realidad aquel hombre estuviera empleando algún procedimiento simple y directo para saberlo, es decir, que lo vigilara constantemente.

Las cartas de Anónimo empezaron por adivinar sus deseos y luego descubrieron sus preocupaciones, sacaron a relucir su pasado y quizás aventurarían su futuro, lo cual lo intranquilizó. Frases como: "ayer no pudo dormir en casi toda la noche", "esta mañana, durante el almuerzo, estuvo a punto de contárselo todo a su amigo, pero se detuvo pensando que él fuera el remitente", "ha decidido usted no abrir más estas cartas, pero no puede dejar de hacerlo, ya ve, ha abierto la de hoy", "su trabajo estuvo deficiente ayer, no cesa de pensar en mí", eran para sobresaltar a cualquiera. Finalmente, Anónimo envió en tres cartas seguidas este mismo mensaje: "usted teme una amenaza"; al cuarto día lo varió por "la amenaza está al formularse"; y después por "sé que ha dejado de leer mis cartas durante varios días, ésta es la penúltima, por lo tanto la leerá, mañana sabrá cuál es la amenaza. Anónimo".

Por último, pensó que no tenía el valor suficiente para leer la última carta, pero el deseo de saber en qué consistía la amenaza y la esperanza de que al saberla podría escapar de ella lo llevaron a abrirla y leyó: "Morirá mañana. Anónimo". Al finalizar el mensaje llegó a la conclusión de que no le quedaba más remedio que acudir a la policía , pues no sabiendo en qué condiciones moriría, ni dónde, ni cuándo, no podría evitar el hecho. Llevó los anónimos a la estación de policía y fue cuidadosamente vigilado. Siguió trabajando como si nada hubiera sucedido y por la noche, a eso de las ocho, llegó a casa. Sabía que estaba bien protegido, no podía temer nada, salvo la pérdida de su soledad, pero por poco tiempo, hasta que se descubriera el autor de los anónimos, después sería nuevamente independiente y feliz.

Se acostó más tranquilo; tardó un poco en dormirse, quizás planeó otra vez el viaje a Francia. Al día siguiente apareció muerto frente a su cuarto, la puerta abierta, el cuerpo atravesado en el umbral, un sobre abierto junto a él y una carta ensangrentada en la mano derecha. La única palabra visible era "ya", y después:

"Anónimo". Tenía abiertas las venas del brazo, la sangre había rodado por los escalones. Nadie la había visto hasta que el vecino de los bajos notó el largo hilillo rojo bajo sus zapatos.

Se hicieron múltiples indagaciones sin resultados positivos. No obstante, por sugerencia mía, se ha comparado la letra de Anónimo con la del muerto: coinciden en sus rasgos esenciales.

Estatuas de sal. Cuentistas cubanas contemporáneas.
La Habana, Ediciones Unión, 1996.

▮ EJERCICIOS PARA EL ESTUDIO DEL LÉXICO Y LA COMPRENSIÓN DEL TEXTO ▮

Haz una lista con las palabras que en el texto se relacionan con el campo temático: CRIMEN.

2

Busca en el diccionario una definición para las palabras siguientes:

anónimo, buhardilla, peripecia, autodidacta, remite, amenaza, umbral, indagación, venas, sangre, rasgos, intriga, cuerpo.

3

Relaciona y forma parejas de sinónimos.

temblorosa, anónimo, cavilaciones, conclusión, paradero, cotidiana, remitente, amenaza, autor, peldaños, sugerencia, trazos

lugar, preocupaciones, escalones, resolución, firmante, creador, consejo, diaria, rasgos, vacilante, desconocido, conminación

4

Forma ahora parejas de antónimos.

posterior, constante, primero, incrustada, reducido, reservado, misteriosa, fechada, deficiente, protegido, positivo, independiente

negativo, despegada, dependiente, desprotegido, inconstante, eficiente, evidente, locuaz, ampliado, último, anterior, sin fecha

5

Escribe sustantivos, adverbios y adjetivos de la misma familia que los verbos siguientes:

calzarse, vibrar, atreverse, construir, vigilar, remitir, proteger, desconocer, morir, comparar, indagar.

6

Teniendo en cuenta el relato que has leído, señala si son verdaderas o falsas las afirmaciones siguientes:

1. Se trata de un relato de suspense y misterio...................................... V F
2. El protagonista recibe anónimos extraños... V F
3. El protagonista se llama Juan Ugarte Ruedas.................................... V F
4. Anónimo conoce detalles privados de la vida de Juan Ugarte........ V F
5. Juan Ugarte conoce a Anónimo.. V F
6. Anónimo adivina los pensamientos de Juan Ugarte......................... V F
7. Juan Ugarte es feliz cuando lee las cartas de Anónimo.................. V F
8. Anónimo predice la muerte de Juan Ugarte...................................... V F
9. La policía no se ocupa del caso de Juan Ugarte.............................. V F
10. Juan Ugarte aparece muerto en su casa... V F
11. Anónimo ha matado a Juan Ugarte... V F
12. Juan Ugarte se ha suicidado.. V F
13. El narrador del relato ha matado a Juan Ugarte.............................. V F

7

Escribe con otras palabras las frases siguientes:

1. Le asombró descubrir un pequeño sobre blanco debajo de la puerta.

2. Tenía la costumbre de ser reservado con todos, hasta consigo mismo.

3. Las cartas sacaron a relucir su pasado.

4. Siguió trabajando como si nada hubiera sucedido.

5. Llegó a la conclusión de que no le quedaba más remedio que acudir a la policía.

6. Estuvo a punto de contárselo todo a su amigo.

7. Se hicieron múltiples indagaciones sin resultados positivos.

8. La cama era a la vez sofá.

8

Completa el texto con las palabras del recuadro.

> muerto, maquinación, ensangrentada, protección, edad, amenazado,
> buhardilla, peldaños, misteriosos, anónimas, pensamientos, detalles, edificio,
> miedo, rasgos, escalera, acontecimientos, sobre, correspondencia, incrustada,
> policía, anónimo, umbral

Juan Ugarte Ruedas tenía 34 años de .... y vivía en

una .... muy vieja situada al final de una larga

.... Los .... eran tan estrechos e insegu-

ros que el cartero tenía .... de utilizarla, de resbalarse y

caerse. Así que solía dejarle la .... en la planta baja del

.... en una cajita de madera .... en

la pared. Un día Juan Ugarte comenzó a recibir cartas ....

que le contaban .... de su vida privada e incluso le adivi-

naban .... y .... por venir. Durante varios

días Juan se sintió ...., así que decidió llevar las cartas a la

.... y pedir .... El último

.... recibido le indicaba que iba a morir al día siguiente.

Juan fue encontrado .... frente a su cuarto, la puerta

abierta, el cuerpo atravesado en el ...., un

.... abierto junto a él y una carta .... en

la mano derecha. La letra de la carta anónima y la del hombre muerto coin-

cidían en los .... esenciales, lo que sugiere que Juan Ugarte

fue víctima de una .... que sólo los lectores amantes de

relatos fantásticos y .... podrán resolver.

9

Expresión oral y escrita

1. Este relato transmite a los lectores la angustia y el misterio caracterís-
ticos de las narraciones de suspense. Es muy cinematográfico, por otra
parte, y permite que el lector saque sus propias conclusiones y desen-
laces. Se trata de una historia abierta, es decir, narrativamente inacabada, pero apta para ser concluida por los lectores. ¿Te gusta este tipo de
relatos?

2. Haz un breve resumen de este relato de terror y suspense en el que se narra
un crimen sin que se conozcan ni el asesino ni los motivos del asesinato.

3. Las cartas anónimas son la clave de la historia. ¿Cómo inciden en el estado
de ánimo del protagonista? ¿Cuál es el papel del narrador en este relato?

4. ¿Has recibido alguna vez una carta anónima? ¿Con qué propósito y en qué casos o situaciones se escriben este tipo de cartas?

5. ¿Quién crees tú que asesina a Juan? ¿Cómo interviene la fantasía en este relato?

6. Escribe un relato policiaco breve en el que intervengan la fantasía, el suspense y el misterio.

7. El narrador desempeña un papel importante en la literatura de suspense y de temas policiacos. ¿Cuál es la relación entre el narrador, el protagonista y los anónimos en este relato?

OLGA OROZCO

6   *Los adioses*

Olga Orozco nació en Toay, La Pampa (Argentina) en 1920, y murió en 1999. Es una de las voces más importantes de la poesía hispanoamericana. Se la ha vinculado con el surrealismo por la relevancia del elemento onírico en su obra, aunque destaca por una impronta personal que surge de la invocación y la evocación nostálgica del mundo mágico y ancestral. Es autora de excelentes relatos y cuentos, además de una copiosa producción poética: *Desde lejos* (1946), *Los juegos peligrosos* (1962), *Antología* (1985), etc. En 1988 le fue concedido el Premio Nacional de Poesía y, en 1998, el Premio Juan Rulfo.

VOCABULARIO BÁSICO

embalajes, disfraces, impasible, pesadumbre, farsa, bultos, enmascarado, gemido, susurro, talismán, vibración, luciérnagas, flora, fauna, solemne, privilegio, frecuentar

Ayer por la tarde, cuando papá, Laura, María de las Nieves y su marido ya habían partido en auto hacia Bahía Blanca, yo todavía estaba en la galería de la casa casi vacía, entre embalajes y canastos. Trataba de reír junto con los demás, pero con poco éxito, ante las piruetas, los saltos y los gestos y los bailes de Miguel, salpicados de compungidas vocecitas de ánima en pena, de vidrio roto, mientras su cara —la cara del rey de los disfraces— se mantenía impasible, fijada en la expresión atónita y distante de la pálida careta de goma. Era muy frecuente que en las evoluciones de sus deslizamientos se acercara a mirarme, y entonces yo veía en los ojos un acuoso, intenso y espejeante brillo, y casi podía asegurar que a través de la redonda abertura de la boca, los labios contraídos o mordidos se esforzaban por disimular la pena. ¿Sería así? ¿No sería Miguel uno de los arcángeles designados por Dios para cortar el camino hacia el árbol de la vida? Y tal vez el roble protector, a cuyo pie me arrojaba para huir de algún pesar o para escapar de algún castigo, fuera mi árbol de la vida. No, no podía ser así. Todo el juego de Miguel era una farsa para encubrir su pesadumbre. El espectáculo se me hizo insoportable. Acurrucada entre dos canastos repletos de batería de cocina pasé el resto de la tarde con un colador de fideos en la cabeza, encajado hasta la nariz como un sombrero, para poder ver y llorar mejor sin que nadie supiera. Mamá, la abuela y tía Adelaida trajinaban en los últimos preparativos, daban órdenes para el envío de los bultos, 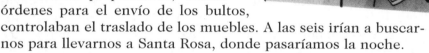 controlaban el traslado de los muebles. A las seis irían a buscarnos para llevarnos a Santa Rosa, donde pasaríamos la noche.

A las cinco y media el enmascarado descubrió a la chica que se había escondido detrás de la puerta del comedor y a quien todos andaban buscando por el jardín y por los alrededores. "¿De qué te disfrazaste?", le preguntó en voz baja. "De Juana de Arco", contestó ella casi en un sollozo recordando las ilustraciones de aquella tristísima historia. "¿Y tú?". "De bombero, para salvarte." "No quiero salvarme. Además no es cierto; ése no es el traje." "No, tampoco hay hoguera. Pero mira, con cualquier traje, yo soy el muchacho que te va a ir a buscar o te va a esperar hasta que vuelvas", dijo él quitándole el casco y sacándose la máscara. Los dos estaban llorando. Él se inclinó, la besó en toda la cara y le sorbió las lágrimas. "Adiós. Guárdala hasta entonces", dijo, y le puso una piedrecita dentro de la mano. El "adiós" de ella fue ahogado por un gemido, lo mismo que el susurro: "No te olvides". Las palabras fueron estrujadas, asfixiadas por una contracción, por un nudo apretado desde el interior de la garganta. Él la abrazó muy fuerte; después se apartó de golpe y se fue corriendo.

Ahora estoy viajando con esa piedrecita negra, lisa, lustrosa, apretada en la mano. Me tendrán que abrir la mano por la fuerza para saber qué tengo adentro. Recorrerá conmigo kilómetros y kilómetros y seré casi manca durante setenta y dos horas. Después nadie sabrá tampoco de qué se trata. Diré que es un talismán que me regaló un mago. Pero seguirá viajando conmigo durante largos años: kilómetros y kilómetros de papel escrito, de papel en blanco que espera el poema, con esa piedrecita apretada en la mano. No sé si tiene un secreto, un significado que yo ignoro. A veces me parece que huele a algo más que a piedra fría o que late como un pequeñísimo corazón, como si adentro hubiera un pájaro minúsculo; a veces siento una vibración como si intentara dictarme la palabra que trato de escribir, la palabra en cuya búsqueda continúo escribiendo. Aún no he descubierto que ésa es la palabra que murmura todo cuanto miro.

Adiós, casa de las luciérnagas, casa de los rincones abrigados y cómplices, de las misteriosas y enmarañadas selvas. Desde el centro de ti, que eres el centro del mundo, con una escalera hacia lo alto, hubiéramos podido llegar al centro del cielo. Pero sin ir tan lejos, por las noches, cuando se apagaban las luces, tú comenzabas a balancearte y a andar como un navío llevándonos hasta los lugares más lejanos y secretos, a través de todos los peligros y las temperaturas, y nos volvías a dejar ilesos y a salvo, cada mañana, en el lugar acostumbrado. Te he encontrado después en todas las casas que habité, de modo que no sé cómo cabíamos en ellas. Me salías al encuentro desde donde no podías estar: una ventana se abría en una columna, una puerta surgía en medio de la escalera, el sótano se asomaba a la buhardilla, el palomar se paseaba por la sala arrastrando un gran trozo de jardín. También te he vuelto a ver mutilada, con los pasos trabados y la frente sombría, y sin embargo sé que me has reconocido.

Adiós, adiós, aleros con canaletas y molino alto y chirriante, tentadores para las pruebas de equilibrio, los saltos inmortales y el irrefrenable alpinismo; adiós, campo de girasoles y charca de las ranas verdes y pulidas como piedras preciosas, y de las otras, las rayadas, las Marías Egipciacas; adiós, cementerio de pájaros que alojas tres canarios, un frasco de mariposas deslucidas y asesinadas sin querer, por ignorancia, junto al anillo de oro que Laura sepultó en un arranque de bucanera náufraga y perseguida. Adiós, árboles de las escapadas de la siesta con sus frutas verdes

y sus ramas colmadas de depredadores huéspedes humanos; adiós, médanos junto al Torreón de los Corsarios o a los restos del castillo desde donde el vigía, o mi caballero, seguirá gritando mi nombre que la inmensidad transmitirá de nube en nube, o de año en año, hasta el día posible; adiós, resplandor de la ahumada cocina que agiganta las sombras fantásticas de los cuentos de la abuela y alberga nuestros juegos llameantes y nuestros corazones agitados en las tardes de invierno. Me despido de todo con los ojos deslumbrados de Ifigenia camino del sacrificio, cuando todo está envuelto en el esplendor de los bienes perdidos.

Cada campo, cada ganado, cada bandada, cada mata que despliega con su extensión esa insalvable distancia que la aleja, seguirá renovándose y marchitándose con ella a medida que crezca, a medida que envejezca. Esta separación es un hachazo de la fatalidad, y ella nunca podrá recuperar la inocencia por medio del olvido, porque una memoria indomable, ávida, feroz, será su arma contra las contingencias del tiempo y de la muerte. ¿Cuántas cosas podrá colocar en esa inmensidad de la memoria para que todo sea próximo y conocido, para que no entren huecos insalvables ni presencias extrañas? Allí puede caber hasta lo que creía irrecuperable o ajeno a este momento: la chocolatera dorada con rosas esmaltadas hecha añicos y ahora recompuesta; los animalitos dispersos de un zoológico de madera, vueltos a reunir y apostados a lo largo del camino; el alfabeto de adelante hacia atrás, de atrás hacia adelante, varias veces; las estatuillas de arcilla china que forman poblaciones enteras en sus cajas de semillas de mijo; las figuras brillantes guardadas en sobres, libros y cuadernos; las tablas de multiplicar con sus vacíos y sus errores, el herbario que nunca logró terminar. Por suerte, el recuerdo del mundo es inagotable cuando se trata de colmar y dominar la lejanía. Y no hemos hablado de los rostros más queridos ni de esa piedra que aprieta en la mano y que se multiplica por todo cuanto mira.

La chica no puede calcular que entre ella y ese lugar del que salió envuelta en llanto y amordazada por la impotencia, se filtrarán continentes enteros con sus floras y sus faunas, otras despedidas igualmente desgarradoras, encuentros milagrosos, insomnios desesperados, celebraciones como fuegos de artificio, amores, mudanzas, incendios, nacimientos, miles de amaneceres antes de que se encuentre con Miguel. Serán más de cuarenta años de imágenes los que habrán pasado por unos y otros ojos cuando se estén mirando sin encontrar a los que eran, cuando él esté diciendo solemne, ceremoniosamente distante, como si estuviera vestido de negro, que "esa casa fue un esplendor y su gente era un orgullo para este pueblo, y yo, yo tuve el extraordinario privilegio de frecuentarlos".

Porque finalmente, un día se encontrarán Miguel y ella.

Relámpagos de lo invisible. Antología.
México, Fondo de Cultura Económica, 1998.

■ EJERCICIOS PARA EL ESTUDIO DEL LÉXICO Y LA COMPRENSIÓN DEL TEXTO ■

Haz una lista con las palabras relacionadas en el texto con el campo temático: CAMPO.

Busca en el diccionario una definición para las palabras siguientes:
embalaje, bulto, manco, talismán, luciérnaga, palomar, vigía, médano, arcilla, mudanza.

3

Relaciona y forma parejas de sinónimos.

*vacía, pena, acurrucada, enmascarado, estrujada, asfixiada, gemido,
búsqueda, chirriante, esplendor, inagotable*

*inacabable, tristeza, arrugada, disfrazado, sofocada, llanto, indagación,
ruidoso, brillantez, hueca, agachada*

4

Forma ahora parejas de antónimos.

*éxito, acuoso, apretado, cómplice, mutilado, sombría, brillante, pulidas,
amaneceres, solemne, distante, agitado, marchito*

*fresco, sólido, fracaso, quieto, cercano, luminosa, sencillo, anocheceres,
escarpadas, opaco, entero, enemigo, flojo*

5

Escribe sustantivos, adjetivos y adverbios de la misma familia que los verbos siguientes:

partir, encubrir, enmascarar, disfrazarse, transmitir, desgarrar, celebrar, alojar,
albergar, habitar.

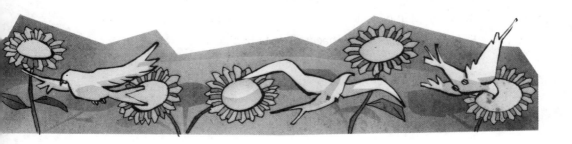

6

Teniendo en cuenta el relato que has leído, señala si son verdaderas o falsas las afirmaciones siguientes:

1. La narradora está triste porque se muda de casa.............................. V F
2. Miguel y ella están jugando mientras su familia trajina................... V F
3. La narradora se disfraza de Juana de Arco..................................... V F
4. Miguel está feliz de que su amiga se mude.................................... V F
5. La narradora dirá que un mago le regaló una piedrecita negra...... V F
6. Esa piedrecita es el talismán de la narradora................................ V F
7. La narradora regresará a ese lugar en cuarenta años........................ V F
8. La separación de Miguel y la narradora es indefinida........................ V F
9. La narradora no se despide de nadie... V F
10. La memoria de la narradora revive este lugar para los lectores...... V F
11. Miguel estará esperando a su amiga de la infancia........................... V F

7

Escribe con otras palabras las frases siguientes:

1. El espectáculo se me hizo insoportable.

2. No te olvides de mí.

3. Me salías al encuentro en todas partes.

4. Me despido de todo con los ojos deslumbrados.

5. Esta separación es un hachazo de la fatalidad.

6. Serán más de cuarenta años de imágenes los que habrán pasado por unos y otros ojos.

7. Yo tuve el extraordinario privilegio de conocer a esa gente.

8. Allí puede caber hasta lo que creía irrecuperable.

8

Completa el texto con las palabras del recuadro.

> rincones, marchitándose, insalvable, girasoles, selvas, misteriosas, lejanos,
> ranas, pulidas, preciosas, depredadores, ramas, frutas, agiganta, fantásticas,
> ahumada, bandada, ganado, a medida, evoca

En el tren que la conduce a Santa Rosa, la protagonista ....
con nostalgia y amor el maravilloso lugar que deja atrás. La casa con sus
.... abrigados y cómplices, con sus .... y enmarañadas ...., con su capacidad de trasladar a sus habitantes
hasta los lugares más .... y secretos. La protagonista evoca
también los campos de .... y la charca de las ....
verdes y .... como piedras .... Asimismo, tiene
un recuerdo afectuoso para los árboles con sus .... verdes y
sus .... colmadas de .... huéspedes humanos.
No puede dejar de pensar en la .... cocina que ....
.... las sombras .... de los cuentos de la abuela.
La protagonista se despide de todo, pero sabe que cada campo, cada
.................................., cada .... que despliega con su
extensión esa .... distancia que la aleja, seguirá renovándose y
.... con ella a medida que crezca, ... que
envejezca.

9

Expresión oral y escrita

El relato describe detalladamente un lugar de ensueño para la narradora y protagonista. Este espacio se halla asociado a su infancia y a personas que comparten los juegos y las ilusiones de la protagonista.

1. ¿Cómo denota la protagonista su estado de tristeza y de nostalgia? ¿Qué tipo de adjetivos utiliza para transmitir a los lectores sus emociones?

2. ¿Has tenido alguna vez una experiencia semejante? ¿Te has mudado de casa en alguna ocasión? ¿Recuerdas la casa de tu niñez y sus alrededores? ¿Existe un lugar especial, un entorno particular que recuerdes con nostalgia?

3. Habla de la importancia de la amistad entre Miguel y la protagonista. ¿Cómo se perpetúa a través de los años?

4. ¿Tuviste en tu infancia una amigo(a) especial? Escribe sobre vuestra relación y sobre tus andanzas infantiles.

5. El relato rememora un espacio y un tiempo idílicos; se remonta a escenas familiares en el campo o en una zona rural. ¿Crees que hubiera ocurrido lo mismo de haber vivido la protagonista en una gran ciudad? ¿Piensas que vivir en el campo es más beneficioso para un niño que vivir en la ciudad?

6. Escribe una redacción cuyo tema sea la infancia en el campo y la infancia en la ciudad, y las ventajas e inconvenientes de ambas opciones.

ANA ROSETTI

7 *Érase una vez*

Ana Rosetti nació en San Fernando (Cádiz) en 1950. Es poetisa y narradora y ha escrito también teatro. Ha publicado los libros de poesía *Los devaneos de Erato* (1980), *Dióscuros* (1982), *Indicios vehementes* (1985), *Devocionario* (1987) y *Punto Umbrío* (1996), entre otros. Entre sus obras de teatro se encuentra *La casa de las espirales* (1977) y entre sus novelas, *Plumas de España* (1988). En este cuento la autora convierte en ficción literaria personajes y temas históricos.

VOCABULARIO BÁSICO

princesa, cuento, ficción, víctima, esclavas, sacerdotisas, prostitutas, vestales, soberano, desgraciadas, insumisas, rebeldes, par, impar, exhibir, soportar, crónicas, actas, sucesos, conciencias, abdicar

Soy la princesa que habita en los *érase una vez*. No tengo nombre ni voz. No otorgo, ni revoco, ni consiento, ni me rebelo. Mi corazón, mi voluntad y mi destino sólo existen para ser conquistados. Son tan valiosos que por ellos los hombres superan las más terribles pruebas. No hay decisión más ecuánime que la victoria. Para qué elegir. Sólo debo pertenecer al vencedor. Yo soy su premio. Pero, y a mí, ¿quién me prueba? ¿Quién mide mi resistencia y mi perseverancia? ¿Por qué se me supone inconmovible tanto si puedo como si no? ¿O es que acaso da igual? Lo demuestre o no, lo merezca o no, debo cumplir un deber: ser la deseada.

Esto dijo la princesa y sin pensárselo dos veces se escapó de su cuento y se metió en el libro de al lado. Era uno que trataba de las cosas de la vida. Merodeó un rato por entre los párrafos y las ilustraciones. ¡Qué raro! ¡Allí también había princesas! Ella habría jurado que el mundo de la no ficción era bien distinto.

Las princesas que vivían en la historia la acogieron encantadas:

—Hola —le dijeron—. Tú no nos conoces pero nosotras estamos hartas de oír hablar de ti —las princesas del libro de historia fueron diciendo sus nombres a la princesa del libro de cuentos. Pero cuando le llegó el turno a ella, no supo qué decir.

—No importa. Nosotras somos todas princesas reales, en cambio, tú eres la princesa verdadera.

La princesa verdadera les contó a las princesas reales el motivo de su visita. Quería que la ayudaran para encontrar el camino hacia sí misma. Y he aquí la respuesta de las princesas reales:

—¿Para qué quieres cambiar? —le dijeron—. Perteneces al lado noble del mundo. Por ti hay valientes y sabios: se hacen mejores conforme se van acercando a ti. Las dificultades para merecerte son tu precio. Eso es indiscutible. Quien se supera a sí mismo para ser digno de ti te respeta. No sabes cuánto te envidiamos.

—Pero si yo no soy nada —explicó la princesa verdadera—. Soy lo que creen que soy.

—Tampoco nosotras significamos nada. Guapas, feas, necias, inteligentes… ¡Qué importa! No es a nosotras a quienes se desea. Somos como el papel moneda: representamos el reino de nuestros padres. Depende de lo que el reino interese somos más o menos negociables o pretendidas. No somos conseguidas como tú, somos canjeadas.

—¡Vaya plan! —pensó la princesa.

Sin embargo la princesa verdadera no quería darse por vencida y siguió interrogándolas.

—Pero a vosotras se os ha educado, se os han dado armas para defenderos.

—¡Ah!, eso sí. Tenemos caparazones. Miles de caparazones.

—¡Claro! No se me había ocurrido… Así que es por dentro de vosotras donde sucede todo.

—No sucede nada. ¿Qué es lo que tiene que suceder?

—Me refiero a que sois como las ciudadelas. Si tras las murallas hay suficientes recursos, ¿quién teme a los asedios? Es posible, entonces, desarrollar una existencia propia e independiente, ¿no?

—¡Oh!, cállate —le dijeron las princesas reales—. ¿Qué lenguaje es ése? Así no habla una princesa verdadera.

La princesa verdadera se ofendió.

—Sois imperturbables como mascarones de proa. Tenéis ojos pero vais a donde el timón os lleve. No os envidio en absoluto.

La princesa verdadera les dio de lado y siguió su camino. Y se encontró con las esclavas.

Estaban apiñadas, pero parecían odiarse, despreciarse por compartir esa proximidad. Languidecían tristes, descoloridas como gusanos sobre una herida infectada.

Las esclavas se lamentaron ante la princesa verdadera.

—No vivimos, nos arrastramos como larvas—le dijeron.

Entre ellas formaban cuatro grupos y cada grupo fue contando sus infortunios.

—Nosotras somos las odaliscas de los

harenes. Estamos sepultadas en vida en los serrallos de verdad, no en los fascinantes recintos de los cuentos. Somos el botín de un poderoso, porque nuestras familias son vencidas, o pobres o codiciosas. Nadie nos mira, nadie nos habla, nadie nos quiere. Sólo existimos durante el momento que nos desea nuestro señor.

—Pero al menos vosotras sólo soportáis un dueño, que os guarda. Nosotras estamos sometidas a un dueño que nos exhibe. Vosotras estáis mantenidas. Nosotras somos explotadas. Pertenecemos al capricho de quien pague por tenernos. Todos nos desprecian —dijeron las prostitutas de los burdeles.

—Sin embargo, para estar con nosotras nadie paga dinero. Pertenecemos a un dios que nos reclama como víctimas de su culto. Quien nos goza lo honra. Nuestro servicio es satisfacer las necesidades de los piadosos, sean cuales sean. En nuestra pericia para conseguirlo está la alabanza a la divinidad y la garantía de nuestro cometido sagrado —dijeron las sacerdotisas de los placeres.

—Nuestras familias nos han encerrado en santuarios y conventos. Somos una ofrenda que debe consumirse por otros. Nos han prometido, nos han consagrado, o se han deshecho de nosotras para no tenernos que hacer un sitio en el mundo, para no dividir sus herencias, para que no seamos una molestia en sus planes —dijeron las vestales.

—¿Os han repudiado del mundo? —les preguntó la princesa verdadera.

—¡Oh, no! ¡No es exactamente eso! —dijeron las vestales.

—Pues yo no lo entiendo de otra forma —reflexionó la princesa verdadera.

—Pues anda al encuentro de las repudiadas genuinas: ya verás.

La princesa verdadera se encontró a las repudiadas genuinas.

Vagaban por un paisaje inhóspito, con la mirada errática, las trenzas electrizadas de desesperación y los labios desgarrados por los propios mordiscos. Algunas procedían de las esclavas o de las princesas reales, por eso conservaban esa palidez casi traslúcida y en la mirada la dureza de los ojos de madera.

—¿Qué os pasa? —les preguntó la princesa verdadera.

Si los infortunios de las anteriores habían dejado estupefacta a la princesa verdadera, las cuitas de las repudiadas genuinas la abatieron y llenaron de perplejidad. Allí había mujeres de los harenes repudiadas por no tener hijos. O de los santuarios, repudiadas por tenerlos. Solteras que habían sido madres. Casadas con los vientres cerrados o con los vientres florecidos de innumerables hijas. ¿Cómo era posible eso?

La princesa verdadera tuvo la sensación de encontrarse ante un tapete de juego con las fichas esparcidas. Ninguna parecía haber ido a parar a su lugar.

—¿Por qué no os habéis cambiado de sitio? —les preguntó la princesa verdadera.

Pero la visión más sobrecogedora era la de las viudas inmoladas. Se las arrancaba de la vida pues sus vidas eran las de su señor.

La princesa verdadera comenzaba a desanimarse. Su cuento era mucho más razonable y tenía mucho más sentido que todo lo que estaba descubriendo en el mundo de la no ficción. Mejor era regresar a él y olvidar su empeño en convertirse en una mujer como las demás. Conque se dio media vuelta y se dispuso a desandar el camino.

—Sssss, eh, tú, princesa. ¡No te vayas sin escucharnos!

—¿Quién me llama?

—Nosotras, las mujeres.

La princesa verdadera estaba de frente a las páginas pares. A simple vista, las mujeres no diferían mucho de sus compañeras impares y la princesa verdadera se impacientó.

—¿Qué queréis contar vosotras? ¿Qué historias de padres, maridos, hijos y demás? —dijo la princesa verdadera.

—No te enfades. Es cierto que, en apariencia, muchas de nosotras somos semejantes a nuestras hermanas, pero tenemos un secreto. Eso es lo que nos distingue.

Y las mujeres se abrieron en círculo para que la princesa verdadera se sentara en su compañía. Y esto es lo que las mujeres le contaron a la princesa verdadera:

—El secreto es que, ganemos o perdamos, nadie nos arrebatará de nosotras mismas. Ya cortemos cabezas o nos la corten, nos quemen en hogueras o nos enciendan cirios, nos teman o nos aclamen, nos intenten destruir o sublimar, qué importa. Ya sea como adversarias, como aliadas o como enemigas, con nuestras propias reglas o con las de otros, somos nosotras las que jugamos, no los juguetes.

—¿Y eso cómo se hace? —se interesó la princesa verdadera.

—Pues como lo has hecho tú: cruzando la línea que separa la víctima de la heroína.

—¿Es cuestión, entonces, de dar vuelta a la página? ¿Sólo eso? —preguntó la princesa verdadera incrédula.

—Claro. Lo que no puedes hacer es salirte del cuento.

—Pero es justamente eso lo que no me gusta —protestó la princesa verdadera.

—No puedes salirte de él pero hay algo que puedes cambiar. Por ejemplo: si eres tú quien impone las pruebas a tus pretendientes tienes muchas probabilidades de que venza el que tú has elegido —le explicaron las mujeres.

—Eso no vale. ¿Y si me equivoco? —objetó la princesa verdadera.

—Quien decide debe correr riesgos. Y, de todos modos, venza las pruebas quien las venza, serás tú la que las otorgue, no la conquistada.

—De qué sirve matar un dragón cuando alrededor hay tantos Holofernes. Además, matar un dragón es cosa de un instante. Resolver un acertijo es un relámpago de inspiración. Son actos determinantes pero escindidos del acontecer. Sin embargo, los peligros de la realidad no los resuelve un lance. Desentrañar la vida no significa vencerla. Sortear un escollo no libra del siguiente —reflexionó la princesa verdadera.

—Pero a ti eso no debe preocuparte. Antes de afrontar alguna consecuencia ya se ha acabado el cuento —le respondieron las mujeres. Y añadieron que no sólo en los libros de cuentos debería liberarse al caballero del vasallaje a su dama y a la dama del capricho de cualquier señor, sino en los libros de historia. Sólo así podían ser todos los individuos soberanos y pares en la felicidad y en el sufrimiento.

—No les hagas caso —gritaron a sus espaldas las páginas impares—. Nada se puede hacer, te lo podemos demostrar cuando quieras. No puedes arrancar las páginas impares y conservar las pares.

—Pero es que vosotras también deberéis permanecer —dijeron las mujeres—. Nos hacéis falta como ejemplo para que no retrocedamos jamás. Vuestras vidas, contadas en toda su crudeza y desesperación, sirven de advertencia y de denuncia. Arrancaros, borraros, suprimiros, es silenciar a vuestros verdugos. El lado injusto y despreciable de la existencia, su sinsentido, no se puede olvidar. Lo que hay que hacer es luchar para que jamás páginas así tengan que escribirse en las crónicas, en los sucesos, en las actas ni en las conciencias.

—Entonces seré yo quien se tenga que mudar a las páginas pares —dijo la princesa verdadera.

—¿Por qué? —preguntaron todas las páginas.

—Pues porque cuando llegue ese día todas las princesas verdaderas y reales querremos abdicar para convertirnos en mujeres como todo el mundo.

Cuentos de mujeres.
Madrid, Alfaguara, 1999.

EJERCICIOS PARA EL ESTUDIO DEL LÉXICO Y LA COMPRENSIÓN DEL TEXTO

1

Haz una lista con las palabras relacionadas en el texto con el campo temático: CUENTO.

2

Busca en el diccionario una definición para las palabras siguientes:
ecuánime, caparazón, esclava, hoguera, mascarón de proa, serrallo, botín, pericia, escollo, vasallaje, crónica, harén.

3

Relaciona y forma parejas de sinónimos.

merodear, esclavas, inmoladas, genuinas, heroína, adversario, sepultadas, codiciosas, desentrañar, esparcir

enterradas, diseminar, vagar, avariciosas, protagonista, auténticas, descifrar, sometidas, contrincante, sacrificadas

4

Forma ahora parejas de antónimos.

ficción, otorgar, revocar, rebelarse, sabios, infortunio, poderoso, valientes, proximidad, imperturbable

lejanía, vulnerable, realidad, cobardes, suerte, necios, aprobar, negar, humilde, someterse

5

Escribe sustantivos, adjetivos y adverbios de la misma familia que los verbos siguientes:

sortear, desarrollar, lamentarse, sepultar, merecer, errar, borrar, silenciar, exhibir, reflexionar, mudarse.

6

Teniendo en cuenta lo que has leído, señala si son verdaderas o falsas las siguientes afirmaciones:

1. La princesa de los libros de ficción es feliz y dichosa en su mundo...... ⊻ Ḟ

2. Esta princesa se escapa de su libro y se mete en uno de historia......... ⊻ Ḟ

3. Las princesas de los libros de historia se sienten desgraciadas.......... ⊻ Ḟ

4. La princesa de ficción envidia a las princesas reales............................. ⊻ Ḟ

5. Estas princesas sólo existen si son deseadas por su soberano......... [V] [F]

6. La princesa decide regresar a su mundo de ficción............................ [V] [F]

7. Las mujeres son seres que habitan en el mundo real......................... [V] [F]

8. Las mujeres invitan a la princesa de ficción a ser una mujer más...... [V] [F]

9. Las princesas de la historia real son insumisas y rebeldes................. [V] [F]

10. Ser una mujer real significa no vivir como una víctima de un señor... [V] [F]

11. Ser mujer es mejor que ser princesa real o de ficción....................... [V] [F]

7

Escribe con otras palabras las frases siguientes:

1. ¿Por qué se me supone inconmovible?

2. No es a nosotras a quienes se desea.

3. Nosotras estamos hartas de oír hablar de ti.

4. No os envidio en absoluto.

5. Es posible, entonces, desarrollar una existencia independiente.

6. ¡No es exactamente eso lo que quiero decir!

7. Conque se dio media vuelta y se dispuso a desandar el camino.

8. Pero a ti eso no debe preocuparte.

9. Nos hacéis falta como ejemplo para que no retrocedamos jamás.

10. Lo que hay que hacer es luchar.

8

Completa el texto con las palabras del recuadro.

> *innumerables, reflexión, escapar, explotadas, inmoladas, repudiadas, sometidas, ficción, infortunios, hoguera, esclavas, verdadera, vivencias, mujer, víctimas, encontrarse, pares, impares*

Una princesa que vivía en un mundo de ...., decidió un día .... de su libro e invadir las páginas de otro libro: el de la historia. Las .... princesas que se .... en este libro envidiaban a la princesa .... Ésta, comenzó a interrogarlas sobre sus .... y después de una larga .... con ellas descubrió que las princesas reales dependían de unos señores a los que estaban .... Todas ellas sufrían ....: algunas eran ...., otras eran ...., otras eran incluso .... No eran libres, sino .... y, a veces, eran arrastradas a la .... para ser quemadas. Más adelante, la princesa verdadera descubre a las mujeres, unas protagonistas que habitan en las páginas .... del libro y que se sienten felices y dignas porque se rebelan contra sus señores. Las protagonistas de las páginas .... le dicen que tiene que resignarse a vivir como ...., pero la princesa verdadera decide arriesgarse a pasar a las páginas pares para convertirse en una .... más del mundo. Para la narradora, lo importante es ser mujer, porque las princesas, tanto las de ficción como las reales, son víctimas de sus autores o de sus señores.

9

Expresión oral y escrita

En este cuento, la ficción se mezcla con la realidad para llevarnos a un mundo lejano y apartado en el tiempo, pero, a la vez, próximo a todo el que se acerque a los libros como fuente de información. El mundo de la realeza, que incluye a los reyes, las reinas, los príncipes y las princesas, es tan antiguo como la propia humanidad.

1. ¿Cuántas clases o tipos de princesas son retratadas en este relato? Haz una breve descripción de cada una de ellas, de acuerdo con sus funciones.

2. Las protagonistas de este cuento son todas mujeres. ¿Qué cosas las unen y qué cosas las separan? ¿Cuál es el mensaje o la moraleja del cuento?

3. Las princesas y los príncipes son protagonistas habituales de cuentos, pero también de la vida real. Piensa en un príncipe o princesa de ficción y en un príncipe o princesa reales. ¿Qué similitudes y diferencias encuentras entre ellos?

4. Las princesas y los príncipes existen. Escribe qué ventajas e inconvenientes crees que tiene ser princesa o príncipe.

5. Inventa un cuento sobre princesas o príncipes. Puedes utilizar el vocabulario del relato de Ana Rosetti.

6. Reconstruye la biografía de un personaje famoso (real o de ficción) de la realeza de cualquier época o lugar.

CARMEN BOTELLO

8 *El viaje*

Carmen Botello nació en Tenerife en 1956. Actualmente vive en Valencia, donde trabaja como periodista. En 1996 ganó el Premio Internacional de Narrativa de Mujeres, y sus relatos se han publicado en la editorial Horas y Horas, de Valencia, con el título *Todo va de cuentos.*

VOCABULARIO BÁSICO

sobresaltada, máscara, lilas, mortuorio, capa, oscuridad, penumbra, mórbido, mohín, ofuscada, reclinada, turbación, pétreas, vaivenes, ironía, gesto, marchita, dorso, salutación, febril

La muchacha abrió los ojos sobresaltada y le dirigió una mirada aún nublada por el sueño. Bajo la luz intermitente y fantasmal que las ventanillas apenas cubiertas dejaban traspasar, atisbó su rostro céreo y rígido, semejante a una máscara. Observó y hasta llegó a oler un pequeño ramillete de lilas, prendido en lo que parecía ser el cuello de una capa oscura que lo cubría por completo. El olor mortuorio de las flores le desagradó. El personaje sacó una blanquísima mano de entre los pliegues del ropaje y ella pudo contar, una por una, las venas azules que surcaban en retícula casi perfecta el dorso. Advirtió cómo con aquellos dedos largos y agudos realizaba un leve movimiento simpático de salutación, movimiento que completó con una sonrisa que se le antojó perversa.

La muchacha se incorporó un poco y se apoyó en el codo izquierdo al tiempo que se cubría mejor con el gabán que le servía de manta. Quiso encender la luz del compartimento, pero el súbito acompañante le hizo un gesto desaprobatorio.

—Hola —dijo entonces ella.

Un sonido metálico como contestación rasgó la atmósfera densa del habitáculo. En ese momento la oscuridad era casi absoluta. Ya no circulaban en paralelo a la autopista. Ahora, la única luz que el compartimento recibía, provenía de la lámpara mortecina del pasillo. La penumbra le había impedido percibir el movimiento de sus labios, pero ella sabía que el saludo tenía que haber salido del asiento de enfrente.

—Hola —repitió adelantándose hacia ella y mostrándole la totalidad de su rostro.

La chica pensó que la voz le recordaba el sonido de un barreño antiguo de cinc golpeando el suelo. Por un momento, sintió cerca su infancia en el patio de su casa, mirando a su madre cargada con la ropa blanca, mientras oía sus órdenes y se asustaba con sus amenazas.

—Me he dormido y no he podido darme cuenta de su llegada. Lo siento.

—No se preocupe y siga haciéndolo. Hay sitio de sobra.

La muchacha pegó un respingo. El tono de la voz había cambiado por completo. Ahora era algodonoso y mórbido.

—Incomprensiblemente no tenían literas —se excusó— pero, por fortuna, éstas son unas fechas en las que casi nadie viaja a no ser por graves motivos, yo he podido aprovecharme de la falta de pasajeros en este coche. Ya ve… ocupo tres asientos y el revisor no sólo no ha puesto ningún inconveniente, sino que, al asegurarme que todas las literas venían vendidas desde…

—Insisto en que no tiene usted que disculparse —dijo. Y su semblante de máscara inquietante se deformó con un mohín de cansancio que quizá hubiera podido calificar como gracioso.

—¿A dónde se dirige? —aventuró la muchacha, deseando en realidad preguntar mejor por el sexo de su acompañante y su peculiar apariencia.

—No lo he decidido todavía.

—¡Ah! Yo voy a Santander —respondió preocupada—. Me llamo Rosa, Rosa Márquez.

Rosa abandonó su posición reclinada, repentinamente sofocada por la calefacción del expreso y se diría que por el extraño y penetrante olor de las lilas. Mientras, ofuscada, trajinaba con el mando de la salida del aire caliente, le lanzó un chorro de preguntas aparentemente banales que querían ocultar su turbación y la curiosa ansiedad que había comenzado a dominarla. En silencio, el hombre, o al menos eso parecía, se incorporó y, sujetándose a la redecilla en donde reposaba el equipaje, se levantó y encaminó hacia ella. Era altísimo y extremadamente delgado. Efectivamente lucía una capa algo más larga que la segoviana y de un tejido más parecido al pelo de camello que al suave paño castellano. La chica pensó que se estaría achicharrando.

No tuvo tiempo de sobresaltarse. Él le retuvo la mano y ella notó una descarga semejante a la que produciría un electrodoméstico en mal estado. Dio un salto y fue entonces cuando tuvo miedo.

—Perdón —murmuró él—. Padezco de un extraño mal que en ocasiones hace de mi cuerpo algo semejante a una batería.

Colocó el mando del aire en posición de mínimo y volvió a sentarse, esta vez justamente a su altura. Echó los bordes de la capa hacia atrás, sobre sus hombros e, inclinándose, apoyó los antebrazos en los flacos muslos. Se dio cuenta de la turbación que embargaba a la muchacha y le sugirió que mantuviese la calma. "En seguida bajará el calor", aseguró. Pero ella ya no podía evitar sentirse inmersa en la angustia que produce creerse a merced de un loco y, por ello, esbozó una sonrisa de compromiso y quiso iniciar el ademán de levantarse y huir.

—¡Mírame! —le ordenó de pronto utilizando de nuevo su voz de metal—. No dejes de hacerlo… por favor.

La chica, mitad espantada, mitad sorprendida, escudriñó su cara marmórea en la que no se percibía una sola línea gestual, ni la más leve tonalidad diferenciadora en la totalidad de su rostro. Sus mejillas tirantes eran tan pétreas y blancas como su frente, su barbilla o la piel de su cuello o sus manos. Sus cabellos, sus cejas y pestañas, por alguna razón —si ello fuera posible— parecían tan pronto rojizos y llameantes como pertenecientes a la misma gama cromática de su frente. Alternativamente se tornaban plateados, como negros y profundos, tanto como la helada meseta que el tren atravesaba en esos momentos. Rosa tuvo que realizar un considerable esfuerzo para llegar a creer que esos vaivenes de color que la confundían tenían, en realidad, su origen en las oscilaciones de la luz que parpadeaba en el pasillo. El olor penetrante de las lilas la mareaba y, con un atrevimiento que estaba lejos de sospechar que poseía, se lo espetó con cierta brusquedad descortés. Él abrió la ventanilla y las arrojó antes de que Rosa pudiera reaccionar, pero luego se olvidó de cerrarla y un ventarrón helado invadió la estancia. A pesar de que ella le hizo notar el frío, él no le hizo caso y continuó mirándola fijamente como si hubiera querido aprendérsela de memoria.

Estremecida, agarró el gabán y se puso en pie con la intención de largarse, de irse rápido y contarle al revisor que un extraño personaje, casi una aparición, se había metido en su compartimento despertándola y comportándose de forma extraña. Cuando ya sujetaba el picaporte, algo que supo ajeno a ella le hizo comprender que, ciertamente, aquel tipo no tenía una actitud especialmente rara. Sólo su aspecto era inquietante. Y se avergonzó de su pánico entre las apariencias.

—Yo me tomaría un café —dijo entonces—. ¿Llamamos?

Él pareció entusiasmado. Se levantó y cerró la ventanilla.

Cuando terminaron de beber, él le tomó la mano y le pidió nuevamente que lo mirase, pero esta vez en un tono solícito y tranquilo, casi avergonzado.

—Voy a Santander —repitió ella.

—Ya lo sé.

—Me esperan allá. Voy a casarme —continuó Rosa como si estuviera defendiéndose.

—¡Ah!

Un velo de ironía recorrió el semblante de su acompañante y sus labios se tensaron en una sonrisa casi malvada que dejaba ver la totalidad de unos dientes grandes y perfectos, de apariencia poderosa y fiera. Arrebujada en el gabán y clavada con decisión en el asiento, Rosa se preguntaba por el sentido último de todo aquello. No era la primera vez que realizaba ese viaje y, en ocasiones, había tenido la oportunidad o la desgracia de compartir estancia y tiempo con personas encantadoras, molestas, impertinentes o groseras, sucias, afectadas, simples y, también, particularmente interesantes. Las horas de un trayecto de largo recorrido son muchas y pesadas, y aburridas, sobre todo si se realizan de noche, entre el deseo de dormir y la imposibilidad de conseguirlo. Entre la oscuridad siniestra del exterior y el cansancio del que es cómplice el mortecino alumbrado del tren. Este encuentro cada vez le parecía más y más especial, como si no sólo no fuese fortuito sino que, además, entrase de lleno en la necesidad, en el ámbito de lo imprescindible. Se preguntó si el viaje no sería más bien un juego del destino en el que ella tanto confiaba, al que siempre se había entregado sin combate, no por estupidez sino por convicción.

Él rompió su mutismo diciéndole su nombre. Se llamaba Miguel, dijo, "Miguel Ángel, pero Ángel de apellido". Se rieron. Les pareció gracioso. Él se reía como si su risa fuera de mentira pero, sin embargo, abría toda la boca y echaba la cabeza para atrás estremecido. La cavidad roja se mostraba al otro sin ningún pudor; sus manos no trataban de ocultar la profundidad de su

garganta, su lengua. No pretendía disimular los sonidos guturales y violentos de la carcajada. Al contrario. Parecía dejarse ir sinceramente, pero su risa seguía sonando mentirosa. "Quizá sólo sea porque es extraña", se conformó Rosa.

El tren se detuvo unos minutos y ellos se asomaron al frío para ver los rostros cansados que a esas horas deambulaban por la estación. Nadie vendía nada y la cantina estaba desierta. Durante unos larguísimos minutos sus miradas se cruzaron y ella comprobó el extraño color de sus pupilas amarillentas, casi anaranjadas. En su profundidad, en el fondo de aquellos ojos, Rosa pudo ver lo que nunca quiso conocer, mientras le parecía sentirse envuelta por una oleada de calor inmenso que amenazaba con asfixiarla. Jadeante y perpleja, pudo mirar, como lo hubiese hecho en el fondo de un caleidoscopio, el color negro del mar en la noche y el pánico de sus criaturas a merced del oleaje, como lo había visto siempre, ahora se daba cuenta, en las pesadillas que se repetían desde la niñez. Pudo conocer asombrada las características de su propio miedo: comprobó, una por una, las formas horrorosas de los fantasmas que la perseguían, el del miedo a caminar sola, a volar, a descansar la mente, al mar. Miró estupefacta la figura que representaba la felicidad y ratificó cómo, paulatinamente, esa forma se parecía cada vez más a sí misma, o a nada. Sintió entonces que unas cadenas confeccionadas con su espanto le rodeaban el cuerpo queriéndola privar de su propio reflejo y eso le reprodujo el malestar profundo que nunca parecía abandonarla y al que ella llamaba la náusea o, simplemente, "la cosa". Sumergida en un cansancio sin fin, el cansancio que produce recorrer una y otra vez el mismo camino de desengaño y aburrimiento, desembocó en la angustiosa pereza que la paralizaba y que, a la vez, le procuraba los sentimientos que mejor identificaba. Cómo odiaba aquella culpa.

En el fondo de las pupilas amarillentas volvió a ver cómo la imagen de su madre la apresaba pese a sus esfuerzos, insistiendo en que Rosa conservase "las cosas buenas de la vida". En contraposición, emergió al fin un recuerdo especialmente turbador que le devolvía un retrato de sí misma que detestaba: ella, Rosa, asustada, refugiándose dentro de unas gigantescas alas blandas y cálidas que le impedían ver el exterior donde todo era locura. No obstante, ella sabía que, dentro de las alas y a pesar de las apariencias, la paz y la quietud no eran tales, sino muy parecidas a la idea

que siempre se había configurado del hecho de la muerte. Y ella, ante la obligatoriedad de elegir entre el mundo tibio y fácil pero oscuro del interior, o la vorágine de afuera, nunca había podido llegar a saber qué debía hacer, qué tenía que desear realmente y para siempre. En ese instante preciso, el tren reinició su marcha y, empujada por una fuerza poderosa que surgía desde las profundidades de su alma, comprendió, acompañada por el traqueteo, que todo, los deseos, el miedo, el amor, la valentía, todo, constituía en realidad una misma cosa. Procedía del mismo origen y finalizaba de igual manera: en sí. Dentro de su cerebro se desató una fulgurante llamarada y conoció la necesaria inutilidad de todo.

Aterida se apartó de la ventanilla y cayó sobre el asiento. Estaba agotada.

—No estés triste.

Ella quiso asentir pero no reunió suficiente convicción.

—Es legítimo —aseguró él.

—¿Qué?

—Dudar. Es lo único legítimo.

Besó su ancha frente y, con la punta de los largos dedos, recorrió los labios secos de la muchacha.

—Me bajo aquí.

—¿Te volveré a ver? —inquirió confundida.

—Siempre que lo desees.

—Ven a Santander —rogó ella.

—Todas las ciudades son Santander. Todo el mundo. El universo entero.

Ella no pudo entender. Él dio media vuelta y asomó la mano blanquísima entre los pliegues de su capa que parecía de pelo de

camello y ella pudo contar, una por una, las venas azules que surcaban en retícula casi perfecta el dorso. Esbozó un leve movimiento simpático de salutación y desapareció pasillo adelante.

Rosa comenzó a pensar inmediatamente que quizá hubiese
estado soñando pero, transcurridas las horas necesarias, el sol se
levantó tras las montañas alfombradas de verde intenso y rico, y
el día se reveló con luminosa plenitud, trazando para ella un
camino claro y sencillo. Cuando se bajó, comprobó con alivio que
su novio estaba ya allí, y en la misma cafetería marchita de la
estación le contó emocionada y febril que ella prefería vivir de
otra manera. Lo invitó a acompañarla en el viaje pero nunca más,
le aseguró, volvería a suplicarle nada.

La gata roja y otros cuentos tristes,
en *Todo va de Cuentos.* Valencia, Horas y Horas, 1997.

■ EJERCICIOS PARA EL ESTUDIO DEL LÉXICO Y LA COMPRENSIÓN DEL TEXTO ■

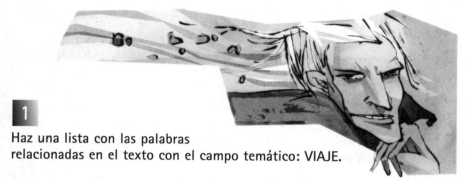

1

Haz una lista con las palabras
relacionadas en el texto con el campo temático: VIAJE.

2

Busca en el diccionario una definición para las palabras siguientes:

fantasmal, mortuorio, gabán, penumbra, picaporte, caleidoscopio, pupila, tra-queteo, convicción.

3

Relaciona y forma parejas de sinónimos.

mohín, apariencia, inmersa, espantada, inquietante, entusiasmado, gracioso, penumbra, penetrante, infancia, mentira

oscuridad, niñez, profundo, chistoso, ilusionado, turbador, asustada, sumergida, engaño, aspecto, gesto

4

Forma ahora parejas de antónimos.

tenso, simple, aburrido, mutismo, malestar, legítimo, fulgurante, desierto, detestar, tangible, certidumbre

incertidumbre, intangible, bienestar, adorar, ilegítimo, habitado, relajado, sofisticado, divertido, locuacidad, apagado

5

Escribe sustantivos, adjetivos y adverbios de la misma familia que los verbos siguientes:

aparentar, pretender, estremecerse, disimular, jadear, surcar, suplicar, inquirir, cubrirse, circular.

6

Teniendo en cuenta el relato que has leído, señala si son verdaderas o falsas las siguientes afirmaciones:

1. El encuentro entre Rosa y el extraño personaje ocurre en un tren..... ☐V ☐F
2. Era de día y había mucha luz en el compartimento........................ ☐V ☐F
3. En el expreso la calefacción era muy fuerte................................... ☐V ☐F
4. El hombre llevaba una capa antigua como abrigo........................... ☐V ☐F
5. La muchacha sentía confianza en el hombre.................................. ☐V ☐F
6. El olor de las lilas le gustaba a Rosa... ☐V ☐F
7. Rosa va a Santander a casarse.. ☐V ☐F
8. Rosa se sintió atraída por el hombre extraño................................. ☐V ☐F
9. Los inmensos ojos del hombre le traen recuerdos a Rosa............... ☐V ☐F
10. Rosa cree que este hombre es un fantasma.................................. ☐V ☐F
11. Rosa descubre que tiene dudas sobre su futuro............................ ☐V ☐F
12. Cuando el hombre se despide ella está triste................................ ☐V ☐F
13. Rosa pensó que había estado soñando... ☐V ☐F

7

Escribe con otras palabras las frases siguientes:

1. El olor mortuorio de las flores le desagradó.
2. Hay sitio de sobra.
3. No lo he decidido todavía.
4. El olor penetrante de las lilas la mareaba.
5. Yo me tomaría un café.
6. Él rompió su mutismo diciéndole su nombre.

7. Se apartó de la ventanilla y cayó sobre el asiento.

8. Nunca más volvería a suplicarle nada.

8

Completa el texto con las palabras del recuadro.

> *penetrante, ventarrón, nublados, extremadamente, expreso,*
> *gesto, particularmente, brusquedad, ventanilla, estancia, deseo,*
> *reaccionar, compartimento, oportunidad, compartir, extraño, súbito,*
> *recorrido, imposibilidad, trayecto*

Rosa, con los ojos .... por el sueño, observó que un personaje ...., altísimo y .... delgado, entraba silenciosamente en el .... del .... que la llevaba a Santander. Ella quiso encender la luz del compartimento, pero el .... acompañante le hizo un .... desaprobatorio. El olor .... de las lilas mareaba a Rosa, así que se lo dijo al viajero desconocido con cierta .... descortés. Él abrió la .... y las arrojó antes de que Rosa pudiese ...., pero luego se olvidó de cerrarla y un .... helado invadió la .... No era la primera vez que Rosa realizaba ese viaje y había tenido la .... o la desgracia de .... estancia y tiempo con personas encantadoras, molestas, impertinentes o groseras, sucias, afectadas, simples y, también, ... interesantes. Las horas de un .... de largo .... son muchas y pesadas, y aburridas, sobre todo si se realizan de noche, entre el .... de dormir y la .... de conseguirlo.

Expresión oral y escrita

Este cuento sumerge a los lectores en el mundo de los sueños y de la irrealidad. El motivo del viaje, con el posible encuentro de nuevos personajes, es muy apropiado para desencadenar un tipo de emociones como las que en él se plasman.

1. ¿Cómo es la atmósfera que envuelve a los protagonistas del relato? ¿Puedes describir al extraño personaje? ¿De quién se trata? Haz un breve resumen de la historia.

2. Escribe sobre tu experiencia en viajes de largo recorrido en tren, y sobre las ventajas y los inconvenientes de viajar en este medio de transporte.

3. El tren, el avión, el barco, el coche... ¿Cuál de estos medios de transporte prefieres? Habla de las ventajas de cada uno de ellos.

4. Rosa tiene un encuentro con un personaje entre real y fantasmal. ¿Has vivido alguna vez una experiencia de este tipo? Comenta algún encuentro que hayas tenido con una persona extraña o interesante.

5. La literatura fantástica es un género que trata de profundizar en las posibilidades de la imaginación y el mundo de los sueños. ¿Qué piensas de los sueños? ¿Son reflejo de la realidad o no tienen nada que ver con ella?

6. ¿Recuerdas algún sueño agradable o alguna pesadilla? Escríbelo.

JOAQUÍN
RUBIO TOVAR

9 *Tempo*

Joaquín Rubio Tovar nació en Madrid en 1954. Estudió Música y Filosofía y Letras. Es autor de tres libros de cuentos que permanecen inéditos. Es profesor de literatura románica en la Universidad de Alcalá. Ha publicado varios trabajos sobre libros de viajes medievales *(Viajes a este y al otro mundo)* y ha traducido y estudiado algunas obras de literatura medieval francesa: *Cligés*, de Chrétien de Troyes, y un cantar de gesta, *Chanson de Guillaume.* Ha prologado y anotado *San Manuel Bueno, mártir*, de Miguel de Unamuno, y es autor de algunos artículos sobre la relación entre música, artes plásticas y literatura. Este cuento obtuvo el Premio Gabriel Miró en 1993.

VOCABULARIO BÁSICO

*violonchelo,
oboe,
clavicémbalo,
carcasa,
acústica,
partitura, ritmo,
textura, fieltro,
desmayo,
templario,
sacristán,
monaguillo,
trucha,
humedad,
horizonte*

El comité organizador del festival no había mostrado mucho interés por el concierto de Andreas Zwicleff. Interpretar obras de Gemianini, Byrd, Gottfried y por fin Mozart escritas para violonchelo, oboe y clavicémbalo, en aquella vieja iglesia templaria perdida en la floresta, no era un reclamo notable, y Andreas lo supo desde que le propusieron el concierto. Pero de ahí al desinterés que mostraron los organizadores iba un trecho, porque Andreas había tenido que llevar su propio clave a Barajas, viajar en el mismo avión, vigilar la operación de descarga, contratar una furgoneta y hacer el trayecto hasta la iglesia cubriendo con un plástico (y donde éste no llegaba,

con su propio cuerpo) la carcasa del baqueteado clavicémbalo.
Tampoco fue cómoda la llegada. El instrumento no entraba por la
puerta principal y hubo que meterlo con muchas dificultades por
la de atrás. Muchos brazos fueron necesarios hasta que el instrumento pasó al interior de la iglesia. Instalarlo en el altar tampoco
fue fácil. El suelo de piedra presentaba muchas irregularidades y
hubo que calzar el aparato con papel de periódico. Finalmente se
pudo ensayar durante todo un día. La acústica de la iglesia era perfecta y la luz de siglos que entraba por las ventanas, maravillosa.
Aunque el público fue muy generoso con los aplausos, la interpretación dejó que desear. Como tantas veces, Andreas sintió que no
se había acertado con el tempo de las obras. Era una apreciación
muy personal, que no siempre trascendía al público, ni siquiera a
los compañeros solistas, pero que Andreas percibía inmediatamente. Hacía años que había perdido la capacidad para dar con el
tempo de las obras que interpretaba. Cuando lo reencontraba alguna vez, lo notaba enseguida. La música fluía con una potencia y
una convicción profundas, el público se entregaba y Andreas acababa interpretando cinco y seis piezas fuera de programa. Pero
aquella tarde la interpretación no pasó de correcta. Al acabar la
última obra, una giga de Mozart que ofrecieron como obra de rega-
lo, el público abandonó con orden y rapidez la iglesia. En la sacristía el crítico musical, los intérpretes, el sacristán y los monaguillos
se felicitaban satisfechos. Fuera llovía. La flautista guardó con deli-
cadeza su flauta en un elegante estuche forrado de fieltro negro. El
violonchelista metió el instrumento en su funda y, cuando se dis-
ponía a abandonar la sacristía, escuchó la petición de ayuda de
Andreas para desmontar el clave. Un monaguillo llevó las patas
hasta la puerta, mientras el violonchelista, Andreas y el sacristán
llevaban a hombros el instrumento. No pudieron sacarlo de canto,
ni de lado, ni en diagonal, ni forzando la madera.

Tras un cuarto de hora de forcejeo, el sacristán fue partidario de dejar el clave esa noche en la iglesia y volver a la mañana siguiente con herramientas. Andreas se opuso desde el primer momento: el clave no se podía quedar solo en la iglesia. El sacristán insistió en que nadie iba a robarlo puesto que no se podía sacar por la puerta. Andreas insistió en que el cémbalo no pasaba la noche solo y que si hacía falta, él permanecería en la iglesia hasta que a la mañana siguiente lo recogieran. Lo intentaron convencer de que era una tontería pasar la noche en la iglesia, pero él, que no, que no fuera a ser que pasara algo, que se quedaba más tranquilo. Por fin se marcharon y Andreas se quedó con la esperanza de que a la mañana siguiente todo iba a resolverse felizmente.

Durante la primera hora no cesó de idear procedimientos para hacer salir el instrumento por la puerta. Llegó incluso a intentar alzar el clave, convencido de que inclinándolo cuarenta y cinco grados a la izquierda y girándolo a la derecha levemente era posible salvar el dintel. Pero justo en ese momento empezó a llover.

Toda la noche estuvo cayendo agua como una maldición. Andreas había cubierto el clavicémbalo con las mismas mantas grises y viejas en las que lo había traído envuelto. Pero según fue avanzando la noche fue echándoselas encima. Primero una, que no le bastó para abrigarle lo suficiente, y luego las demás, de modo que hacia las dos de la mañana había desnudado por completo el clave. Se acurrucó y se durmió hasta que le despertaron los pájaros. Eran las ocho y cuarto. Andreas pensó que ya no podrían tardar. Estaba entumecido y hambriento. Mentalmente decidió empezar a escribir la carta que pensaba enviar a los periódicos y al director del festival, quejándose de la falta de consideración de que había sido objeto. Su indignación iba creciendo a medida que se acercaba la hora de su liberación, pero pasaban los minutos y no aparecía nadie. Inquieto, Andreas salió fuera y empezó a caminar por la explanada que se abría ante la iglesia. El viento de la noche rizaba todavía los charcos y estrellaba contra la iglesia las primeras hojas del otoño. No había nadie, daba igual a donde se mirase. Volvió a la iglesia y caminó por las naves y volvió a salir y entrar tres o cuatro veces más. Tras la indignación empezó a aparecer el abatimiento y luego la preocupación. Finalmente Andreas fue a la casa del sacristán, con intenciones menos pacíficas que las de aporrear la puerta como había hecho tantas veces. Comenzó por golpear con los nudillos el cristal, luego con el puño, pero pensó en sus manos de clavecinista y terminó por coger una piedra y lanzarla contra los cristales, que se hicieron añicos. Abrió la ventana y se metió dentro. La casa consistía en una habitación cuadrada con unos cuantos muebles cochambrosos y desvencijados. Junto a la ventana que se abría a poniente, había un fogón y un par de cazos viejos. No había teléfono. Volvió a la iglesia y se sentó en un banco. No estaba encendida la luz del sagrario, ni tampoco estaba vestido el altar, así es que le dio la sensación de que tendría que esperar mucho hasta que se volviera a celebrar misa. Después le tranquilizó pensar que era imposible que se hubieran olvidado de él, que estarían buscando una furgoneta lo suficientemente amplia como para que cupiera el clavicémbalo. Además, había llovido y era natural que el tráfico se retrasara... Pero eran las dos de la tarde y nadie aparecía y ya era hora.

Andreas estuvo paseando por los alrededores hasta que el desmayo y una lluvia fría lo hicieron volver a la iglesia y de nuevo a casa del sacristán. Sólo encontró para comer unas manzanas y un poco de vino. Después de comer se sintió de mejor humor. Intentó analizar con un poco de perspectiva lo que le estaba pasando y le pareció extraordinario. Volvió a la iglesia, montó el clave, sacó unas partituras de su maleta y empezó a tocar: Mozart, Byrd, Haydn y jazz, sobre todo jazz, que en el clave tomaba una tintura frágil como de cristal y de sueño. Cuando ya no quedaba luz en la iglesia, Andreas decidió salir. Con la alegría de la música, se había olvidado de su situación. Allí no aparecía nadie y resultaba inevitable volver a pasar otra noche en el banco, arropado con aquellas mantas mugrientas. Antes de que cerrara la noche rastreó el huerto del sacristán y encontró algunas patatas pequeñas semienterradas y algunos pimientos y tomates casi echados a perder. Lo llevó a la casa del sacristán, recogió las mantas de la iglesia y se echó en el único camastro que encontró. De madrugada creyó oír ruido en la explanada, pero resultó ser el viento que arreciaba. Apenas pudo conciliar el sueño.

La mañana despertó radiante. Andreas comió los restos de la cena y fue a la iglesia. Comprobó que había dejado el clave abierto con una partitura sobre el atril. Empezó por ella, una fuga de Gemianini a seis voces. Estuvo estudiando hasta bien entrada la mañana, luego paseó hasta el límite de la explanada, recorrió los alrededores de la iglesia con la esperanza de encontrar algún coche. No había más carretera que la que llegaba a la iglesia. Encontró una higuera, nísperos y un maizal intacto. "Alguien tendrá que venir por aquí", se dijo, "y mientras, tengo para comer y puedo hacer música". Podría subsistir hasta que vinieran a recogerlo. Andreas sintió que le remitía la angustia y que por primera vez sentía de verdad apetito. Comió unas nueces y echó a cocer las berzas que había recogido la noche anterior. Después de comer y de lavarse se sintió todavía mejor. Sintió ira contra el festival, contra el sacristán, contra sus amigos, contra el mundo, pero comprendió que lo único que podía hacer era esperar y tocar el clave como si fuera una especie de venganza. Se sentó ante él y allí pasó largas horas, primero una mano, luego otra, luego las dos a la vez, con una humildad de principiante. Tras un largo trabajo sobre los fragmentos más contrapuntísticos creyó haber encontrado el tempo idóneo para interpretarlos: *andante ma non troppo*. Se sintió satisfecho. Su mente, su corazón y sus dedos sentían un tempo pausado pero no meditabundo. Todo nacía de un sentimiento muy hondo: la digitación, el ritmo, el valor de alguna voz que le parecía no haber oído hasta ese momento. La partitura acababa de nacer en él.

La luz era ya de otoño y los días más cortos. Pasaban nubes blancas y el viento de la tarde olía a las hogueras que alguien encendería en algún lugar de la distancia. Andreas había recorrido varias veces los alrededores de la iglesia y había encontrado matas de hierbabuena y sándalo y un arbusto enorme de hierbaluisa, con los que decidió adornar la capilla. En la hoz del río crecía un nogal cargado de frutos y en los rincones umbríos bajo un puente había encontrado berros. Andreas cargó con las hierbas de olor hasta la iglesia y se llenó muchas veces los bolsillos de nueces y de castañas dulces.

Poco a poco se fue marcando un ritmo de trabajo. Era mejor estudiar por las tardes que por las mañanas porque el cielo de la tarde facilitaba la concentración y le permitía descubrir texturas y ritmos en la partitura. Bastaban varias tardes de estudio para que Andreas fuera capaz de expresar aquella música en su *tempo giusto*.

Llegó el invierno y cambió la luz que entraba por la ventana de la iglesia. Un viento frío de manos enormes cruzó durante días la explanada y los bosques cercanos. Andreas lo escuchaba todas las noches con los ojos abiertos hasta que amanecía. Luego le vencía el sueño hasta bien entrada la mañana. Entonces paseaba sin rumbo fijo durante unas horas, bebía alguna infusión de hierbas y comía lo que le daba el campo y alguna trucha que capturaba de vez en cuando. La iglesia era templada en invierno. Andreas se había acostumbrado a su luz, al aroma de la hierbaluisa que había inundado las naves y al sándalo, que había vencido el olor a humedad. Las heladas y la nieve, que habían caído abundantemente, hicieron cálido el interior de la iglesia.

Una mañana, vencidos ya los fríos y las nieves, Andreas se sentó ante el clave. Trabajaba ante una suite de Händel. Tras varias horas sintió que dominaba el tempo. Los dedos, las voces, el ritmo interior de la obra, toda su construcción estaba clara: así era la obra y así había que interpretarla. Se levantó despacio y fue hasta la puerta. La llanura vacía, recién salida del invierno, se extendía hasta el horizonte.

Tempo, 1993.

▨ EJERCICIOS PARA EL ESTUDIO DEL LÉXICO Y LA COMPRENSIÓN DEL TEXTO ▨

Haz una lista con las palabras
que en el texto se relacionan
con el campo temático:
MÚSICA.

2

Busca en el diccionario una
definición para las palabras
siguientes:

floresta, carcasa, acústica, aplauso, desmayo, explanada, solista, ritmo,
horizonte.

3

Relaciona y forma parejas de sinónimos.

*interés, reclamo, dificultad, generoso, apreciación, arropado, mugrientas,
explanada, apetito, ira, cubierto, umbríos*

*hambre, odio, sombríos, llanura, curiosidad, sucias, opinión, protegido,
tapado, problema, llamada, dadivoso*

4

Forma ahora parejas de antónimos.

*pacífico, cochambroso, desvencijado, poniente, vestido, calzado, capaz,
descarga, alegría, orden, rapidez, profundo*

*oriente, ligero, desorden, carga, incapaz, tristeza, descalzo,
perfecto, pulcro, violento, lentitud, desnudo,*

5

Escribe sustantivos y adjetivos de la misma familia que los verbos siguientes:

quejarse, forcejear, golpear, celebrar, sentir, arropar, interpretar, concentrarse, dominar, extenderse.

6

Teniendo en cuenta el relato que has leído, señala si son verdaderas o falsas las afirmaciones siguientes:

1. Andreas participa en un festival de música pop....................................... V F

2. El concierto tiene lugar en la ciudad en que vive Andreas................. V F

3. Es difícil hacer entrar el instrumento en la iglesia templaria............. V F

4. La acústica de la iglesia era mala... V F

5. Al terminar el concierto, los intérpretes se felicitaban satisfechos..... V F

6. Andreas no consigue sacar el clave de la iglesia................................ V F

7. El sacristán va a buscar ayuda para sacar el clave............................ V F

8. Andreas se queda a vivir en la iglesia... V F

9. Andreas no se adapta a la vida en este lugar y es desgraciado........ V F

10. Después de mucho tiempo, Andreas se va de ese lugar................... V F

7

Escribe con otras palabras las siguientes frases:

1. Aunque el público fue muy generoso con los aplausos, la interpretación dejó que desear.

2. Aquella tarde, la interpretación no pasó de correcta.

3. No había nadie, daba igual a donde se mirase.

4. Apenas pudo conciliar el sueño.

5. No había más carretera que la que llevaba a la iglesia.

6. Encontró algunos pimientos y tomates casi echados a perder.

7. Un viento frío de manos enormes cruzó durante días la explanada y los bosques cercanos.

8. Tras varias horas sintió que dominaba el tempo: así era la obra y así había que interpretarla.

8

Completa el texto con las palabras del recuadro.

> mantas, entumecido, fogón, poniente, puño, añicos, cazos,
> clavicémbalo, nudillos, sacristán, aporrear, clavecinista, desvencijados,
> envuelto, cristal, cuadrada

Toda la noche estuvo cayendo agua como una maldición. Andreas había

cubierto el .... con las mismas .... grises y

viejas en las que lo había traído .... Se acurrucó y se dur-

mió hasta que le despertaron los pájaros. Estaba .... y

hambriento cuando despertó. Finalmente, Andreas fue a la casa del

..........................., con intenciones menos pacíficas que las de

.... la puerta como había hecho tantas veces. Comenzó por

golpear con los .... en el ...., luego con el

..........................., pero pensó en sus manos de .... y termi-

nó por coger una piedra y lanzarla contra los cristales, que se hicieron

.... Abrió la ventana y se metió dentro. La casa consistía en

una habitación .... con unos cuantos muebles cocham-

brosos y .... Junto a la ventana que se abría a

..........................., había un .... y un par de

.... viejos.

9

Expresión oral y escrita

1. El narrador de un relato puede ser omnisciente, un testigo fiel y real de los acontecimientos, o adoptar una postura frente al protagonista. ¿Cuál es, en tu opinión, la postura del narrador en este caso?

2. El relato revela la vocación musical de Andreas. ¿Cómo queda eficazmente plasmada en el texto?

3. ¿Sabes tocar algún instrumento musical? ¿Te gusta la música clásica, o prefieres la música pop o moderna? ¿Qué piensas de los jóvenes que dedican su vida a la música?

4. El relato tiene algo de fantástico e insólito. ¿Cómo se reflejan estos recursos en el texto?

5. ¿Has asistido recientemente a algún concierto? Coméntalo.

6. ¿Cuál es tu grupo o cantante favorito? Justifica tu respuesta.

JOSÉ MARÍA MERINO

El desertor

José María Merino (La Coruña, 1941) es autor de algunos libros de poesía y de varias novelas: *Novela de Andrés Choz* (1976), *El caldero de oro* (1981), *La orilla oscura* (1985, Premio de la Crítica). La editorial Alfaguara publicó sus cuentos en 1998. Sus narraciones se ciñen a las señas personales del autor: la cultura del noroeste, es decir, la enraizada supervivencia de los sucesos míticos heredados de las fuentes orales y de la imaginación popular, que siempre hizo sintonizar lo particular con lo universal.

VOCABULARIO BÁSICO

*desertor,
conyugal,
borrón,
vicisitudes,
trajín,
tachaduras,
regazo, púlpito,
plaga, capote,
pasamontañas,
nostalgia,
huida, herida,
tropel, granada,
metralla*

El amor es algo muy especial. Por eso, cuando vio la sombra junto a la puerta, a la claridad de la luna que, precisamente por su escasa luz, le daba una apariencia de gran borrón plano y ominoso, no tuvo ningún miedo. Supo que él había regresado a casa. La suavidad de la noche de San Juan, el cielo diáfano, el olor fresco de la hierba, el rumor del agua, el canto de los ruiseñores, acompasaban de pronto lo más beneficioso de su naturaleza a esta presencia recobrada.

La vida conyugal había durado apenas cinco meses cuando estalló la guerra. Le reclamaron, y ella fue conociendo entre líneas, en aquellas cartas breves y llenas de tachaduras, las vicisitudes del frente. Pero las cartas, que inicialmente hacían referencia, aunque

confusa, a los sucesos y a los paisajes, fueron ciñéndose cada vez más a la crónica simple de la nostalgia, de los deseos de regreso. Venían ya sin tachaduras y estaban saturadas de una añoranza tan descarnadamente relatada, que a ella le hacían llorar siempre que las leía.

Entonces no estaba tan sola. En la casa vivía todavía la madre de él, y la vieja, aunque muy enferma, le acompañaba con su simple presencia, ocupada en menudos trajines, o en las charlas cotidianas y en los comentarios sobre las cartas de él y las oscuras noticias de la guerra. Al año, murió. Se quedó muerta en el mismo escaño de la cocina, con un racimo en el regazo y una uva entre los dedos de la mano derecha. Ella supo luego por otra carta de él que, cuando le llegó la noticia de la muerte de su madre, los jefes ya no consideraron procedente ningún permiso, puesto que la inhumación estaba consumada hacía tiempo.

Quedó entonces sola en casa, silenciosa la mayor parte del día (excepto cuando se acercaba a donde su hermana para alguna breve charla) en un pueblo también silencioso, del que faltaban los mozos y los casados jóvenes, y que vivía esa ausencia con ánimo pasmado.

Se absorbía en las faenas con una poderosa voluntad de olvido. Pero el tiempo iba pasando y la guerra no terminaba. Ella no sabía muy bien los motivos de la guerra. Desde el púlpito el cura les hablaba del enemigo como un mal diabólico y temible, infeccioso como una plaga. Al cabo, ya la guerra y el enemigo dejaron de ofrecer una referencia real, y era como si el esfuerzo bélico tuviese como objeto la defensa a ultranza frente a la invasión de unos seres monstruosos, venidos de algún país lejano y ominoso. Hasta tal punto que, en cierta ocasión, cuando atravesó el pueblo un convoy con prisioneros, y los vecinos salieron a verles con acuciante curiosidad, una mujerina manifestó, en su pintoresca exclamación, la decepcionante sorpresa de comprobar que los enemigos no mostraban el aspecto que las diatribas del cura y otras noticias les habían hecho imaginar:

—¡No tienen rabo!

No tenían rabo, ni pezuñas, ni cuernos. Eran hombres. Tristes, oscuros, vestidos con capotes sucios, con chaquetones raídos. Sobre las cabezas peladas, llevaban pasamontañas y gorrillas cuarteleras. Casi todos tenían la barba crecida en los rostros flacos, aunque también se veían las mejillas barbilampiñas de algunos mozalbetes.

A ella, de pronto, la visión de aquellos soldados maltrechos le trajo a la mente la imaginación de su propio marido, acaso en esos momentos también acarreado en algún camión embarrado, encogido bajo un pardo capote. Hasta creyó reconocer en varios rostros el rostro querido, sumida en una súbita confusión que le llenó de angustia.

Pasó el tiempo. Otro año. El pueblo siguió perdiendo gente y, al fin, sólo quedaron los niños, las mujeres y los viejos. Las veladas habían dejado de ser ocasión alegre de contar fábulas y recordar sucesos y eran ya solamente motivo de rezos. Rosarios y letanías, novenas y misas, ocupaban las horas de la comunicación colectiva.

Cuando llegó este San Juan, ya ni creían recordar el tiempo en que los mozos, con su rey, encendían la gran hoguera tradicional en lo alto del cerro. Fueron los niños los que suscitaron la memoria de la antigua fiesta haciendo un gran fuego en la plaza. El fuego atrajo a la gente, que fue reuniéndose en torno a él. Era una noche clara, cálida, sin una pizca de viento.

Los niños gritaban alrededor del fuego. Los mayores recordaban otras noches de San Juan, a sus mozos llenándolas de algarabía y desorden. Lo que, cuando estaban los mozos, se aceptaba con esa obligada mezcla de indulgencia y malhumor que traía la sumisión a un rito inevitable, ahora se añoraba como una parte amputada de su vida.

Porque este año, como el pasado, no habría necesidad de vigilar los huevos, las matanzas, los hervidores. Nadie llegaría sigiloso en la noche para hurtarlos. Y tampoco nadie borraría las sendas ni profanaría el rescoldo de los hogares. El pueblo se había quedado sin mocedad, y el aliento dulce de la noche le daba a aquella evidencia, más dolorosa aún por las circunstancias que la motivaban, una particular melancolía.

Cuando la hoguera se extinguió, el encuentro improvisado se deshizo. Ella pasó por casa de su hermana, saludó rápidamente a la familia y se fue a su propia casa. Entonces vio la sombra junto a la puerta y, reconociéndole al instante, echó a correr y le abrazó con todas sus fuerzas.

Había cambiado. Estaba más flaco, más pálido y, en sus gestos, había adquirido una especie de reflexiva demora. Supo que había desertado. Herido por la metralla de una granada, había ingresado en el hospital. Cuando estuvo curado y repuesto, decidió escapar y volver a casa. Fue una huida penosa, que duró semanas. Pero aquí estaba ya, silencioso y sonriente.

Era preciso el sigilo más completo. Ella disimuló su alegría y continuó haciendo la vida de costumbre. Él permanecía oculto en algún lugar de la casa, durante las horas de luz. Por la noche, cuando la oscuridad lo tapaba todo, salían a la huerta y se sentaban uno junto al otro, sintiendo latir las estrellas parpadeantes, el río que murmuraba, los pájaros que se reclamaban entre las enramadas invisibles.

Recuperó en sus brazos el sabor de aquellos primeros tiempos de matrimonio y la congoja de los besos y de los abrazos definitivos. Y como el amor es algo muy especial, todos los problemas (la guerra, su esfuerzo solitario que debía multiplicarse en tantas tareas, los complicados trueques para conseguir todo lo necesario para una regular subsistencia) pasaron a una consideración muy secundaria.

Su única preocupación era ahora que él no fuese descubierto. Una tarde, cuando regresaba con unas cargas de leña, encontró a los guardias en su casa. Portadores de la denuncia que produjo la deserción, los guardias registraron la casa. Y aunque no fueron capaces de encontrarle, aquella visita inesperada la colmó de angustia, al pensar que podían sorprenderle algún día y llevárselo otra vez, para castigar acaso su huida con la muerte.

Así, entre las dulzuras de tenerle en casa y los sobresaltos de sus temores, fue trascurriendo el verano. A veces se ponía a cantar sin darse cuenta, y en el pueblo callado y mohíno su actitud era acogida con una sorpresa desconcertada.

Sin embargo, un extraño sentimiento le hacía desvelarse en mitad de la noche y, a pesar de sentir el cuerpo de él a su lado, cruzaba su imaginación un tropel desordenado de miedos sombríos, como si el futuro estuviera ya marcado y se cumpliesen en él toda clase de augurios desfavorables.

El mismo día que empezaba septiembre, cuando despertó, no estaba junto a ella. Era un día gris, oloroso a humedad. Le buscó en la casa, en el corral, pero no pudo hallarle. Aquella ausencia, que le devolvía la imagen de la larga soledad, suscitó en ella una intuición temerosa.

A la hora del ángelus, vio acercarse a los guardias. Se había puesto a llover con más fuerza y tenían los capotes de hule cubiertos de agua.

Le habían encontrado. Estaba en lo alto del cerro, entre las peñas, con los miembros estirados para asomar lo más posible la cabeza en dirección al pueblo. Sin duda, la herida se le había vuelto a abrir en el largo camino de la huida. El cuerpo estaba reseco como una muda de culebra. Los guardias decían que llevaría muerto, por lo menos, desde San Juan.

Cuentos del reino secreto.
Madrid, Alfaguara, 1982.

■■ EJERCICIOS PARA EL ESTUDIO DEL LÉXICO Y LA COMPRENSIÓN DEL TEXTO ■■

1

Haz una lista con las palabras que en el texto
se relacionan con el campo temático: GUERRA.

2

Busca en el diccionario una definición para las palabras siguientes:

desertor, conyugal, huida, tachadura, herida, plaga, algarabía, melancolía,
demora, hule.

3

Relaciona y forma parejas de sinónimos.

> *ominoso, diáfano, beneficioso, bélico, pasmado, infeccioso, indulgencia,
> demora, raídos, mohíno, desconcertada, decepcionante*

> *guerrero, claro, frustrante, abominable, confundida, provechoso, triste,
> perdón, gastados, tardanza, contagioso, sorprendido*

4

Forma ahora parejas de antónimos.

> *saturada, recobrada, escasa, diabólico, temible, maltrecho, embarrado,
> encogido, sigiloso, oloroso, reseco*

> *angelical, abundante, perdida, fresco, limpio, estirado, amistoso, escasa,
> firme, ruidoso, maloliente*

5

Escribe sustantivos, adjetivos y adverbios de la misma familia que los verbos siguientes:

acompasar, acompañar, inhumar, absorber, hurtar, adquirir, latir, ingresar, parpadear, desertar, castigar.

6

Teniendo en cuenta el relato que has leído, señala si son verdaderas o falsas las afirmaciones siguientes:

1. La esposa recibe cartas de su esposo que está en la guerra.............. V F

2. Han estado casados mucho tiempo.. V F

3. A ella le hacen reír las cartas del esposo... V F

4. Él viene de la guerra para el entierro de su madre............................. V F

5. Ella piensa continuamente en él.. V F

6. La noche de San Juan hay una gran fiesta en el pueblo................... V F

7. Esa noche, el esposo regresa a casa porque se acaba la guerra...... V F

8. Está herido y no quiere que lo vea nadie... V F

9. Los guardias lo buscan porque ha desertado...................................... V F

10. Al final lo encuentran muerto en el monte... V F

11. Ha muerto mientras huía de los guardias... V F

7

Escribe con otras palabras las siguientes frases:

1. Se absorbía en las faenas con una poderosa voluntad de olvido.

2. Rosarios, letanías, novenas y misas, ocupaban las horas de la comunicación colectiva.

3. Cuando la hoguera se extinguió, el encuentro improvisado se deshizo.

4. Ella disimuló su alegría y continuó haciendo la vida de costumbre.

5. Se sentaban uno junto al otro, sintiendo latir las estrellas parpadeantes.

6. En el pueblo callado y mohíno, su actitud era acogida con una sorpresa desconcertada.

7. El cuerpo estaba reseco como una muda de culebra.

8. Los guardias decían que llevaría muerto, por lo menos, desde San Juan.

8

Completa el texto con las palabras del recuadro.

> *mohíno, miembros, herida, muda, desconcertada, augurios, imaginación, soledad, culebra, cerro, corral, guardias, sobresaltos, extraño, tropel, sombríos, humedad, intuición, dirección, huida, reseco, San Juan*

Así, entre las dulzuras de tenerle en casa y los .... de sus temores, fue trascurriendo el verano. A veces se ponía a cantar sin darse cuenta, y en el pueblo callado y .... su actitud era acogida con una sorpresa .... Un .... sentimiento le hacía desvelarse en mitad de la noche y, a pesar de sentir el cuerpo de él a su lado, cruzaba su .... un .... desorde-

nado de miedos ...., como si el futuro estuviera ya marcado

y se cumpliesen en él toda clase de .... desfavorables.

El mismo día que empezaba septiembre, cuando despertó, no estaba junto a

ella. Era un día gris, oloroso a .... Le buscó en la casa,

en el ...., pero no pudo hallarle. Aquella ausencia, que

le devolvía la imagen de la larga ...., suscitó

en ella una .... temerosa. Le habían encontrado.

Estaba en lo alto del ...., con los ....

estirados para asomar lo más posible la cabeza en .... al

pueblo. La .... se le había vuelto a abrir en el largo cami-

no de la .... El cuerpo estaba .... como una

.... de .... Los .... decían

que llevaría muerto, por lo menos, desde ....

9

Expresión oral y escrita

Este relato plasma la crueldad de la guerra. Es evidente que las guerras producen muertes, separaciones, destrucción y otras pérdidas inestimables para las gentes que, de manera involuntaria, se ven afectadas por los acontecimientos que rodean a los conflictos bélicos.

1. Escribe sobre el estado de ánimo y la vida que lleva la protagonista del relato, la mujer sola que espera noticias del esposo en la guerra.

2. La noche de San Juan es una noche especial en algunos países. ¿Conoces las tradiciones relacionadas con la noche de San Juan?

3. En la noche de San Juan regresa el esposo de la guerra. Describe cómo lo descubre su mujer y habla del ambiente que rodea esta escena.

4. El esposo ha desertado. Da tu opinión acerca de este asunto. ¿Comprendes y aceptas que una persona pueda desertar? ¿Qué crees que piensan los gobiernos de los desertores?

5. Desgraciadamente, las guerras ocupan un primer plano de actualidad. Habla sobre los conflictos bélicos actuales y su posible solución.

6. ¿Por qué hay guerras? Escribe una carta a un presidente de Gobierno, a un general o a alguien poderoso, para convencerlo de la inutilidad de la guerra y de la necesidad de la paz.

7. ¿Admiras a algún(a) guerrero(a) famoso(a)? ¿De quién se trata? Escribe algunos datos de su biografía.

SOLUCIONES
A LOS EJERCICIOS

1 *Mi bisabuelo*

1

mayorazgo, caballero, amo, criado, cavadores, labradores, monte, maizales, carrascas, trabajo, linde

2

bisabuelo: padre del abuelo o de la abuela de una persona.

parentela: conjunto de todas las personas que pertenecen a una misma familia.

amo: persona que tiene a otras a su servicio; persona que dirige o tiene autoridad sobre los demás.

escribano: persona que escribe o copia con buena letra; persona que da garantía de que los documentos que llegan a un lugar son verdaderos.

criado: persona que se dedica a realizar los trabajos domésticos a cambio de dinero.

mayorazgo: derecho que tiene el hijo mayor a heredar los bienes familiares; conjunto de bienes heredados.

labrador: que se dedica a trabajar o labrar la tierra.

verdugo: persona que ejecuta a los condenados a muerte; persona cruel que maltrata a los demás.

justicia: cualidad o virtud que hace proceder o juzgar respetando la verdad y dar a cada uno lo que le corresponde; aplicación de una pena tras un juicio.

suceso: caso o hecho triste o desgraciado.

heredad: conjunto de tierras y bienes que pertenecen a una persona o a una familia.

linde: línea real o imaginaria que marca un territorio y lo separa de otros.

nodriza: mujer que da el pecho al hijo de otra mujer.

3

bisabuelo: antepasado; purísimo: limpísimo; evocación: recuerdo, caduco: marchito; fantasmas: aparecidos; cuenco: recipiente; legalista: justiciero; amo: patrón; ahínco: tesón; candor: inocencia; murmullo: rumor; ciego: invidente.

4

adusto: tierno; silencioso: ruidoso; popular: elitista; contumaz: voluble; medrosa: atrevida; mocedad: senectud; cabal: incierto; grandezas: bajezas; extraordinario: ordinario; verdugo: protector.

5

murmurar: murmuración, murmullo, murmurador; hilar: hilo, hilandera, hilado; oprimir: opresor, oprimido, opresión; interrogar: interrogante, interrogatorio, interrogación, interrogador, interrogado; heredar: heredero, herencia, heredad, hereditario; encañonar: cañón, encañonador, encañonado; averiguar: averiguación, averiguador, averiguado; portar: portador, portante, portátil; amparar: amparo, amparado.

6

1. $\boxed{V}$; 2. $\boxed{V}$; 3. $\boxed{F}$; 4. $\boxed{F}$; 5. $\boxed{F}$; 6. $\boxed{V}$; 7. $\boxed{F}$; 8. $\boxed{V}$; 9. $\boxed{V}$; 10. $\boxed{V}$; 11. $\boxed{V}$; 12. $\boxed{F}$.

7

Posibles respuestas

1. Recuerdo aquel tiempo con nostalgia; **2.** Mi bisabuelo había muerto ya cuando me contaron las hazañas de su vida; **3.** Como estaba enferma y en cama no pudieron llevarse a Águeda; **4.** Los pobres siempre tienen tristezas y sufrimientos; **5.** Debíamos quemar al que explota a los pobres y los oprime; **6.** Es necesario terminar con los opresores y los verdugos; **7.** Los hombres tienen miedo y temor a los poderosos.

8

tirar, monte, ciego, encuentro, labradora, nodriza, escribano, maizales, heredad, justicia, tiro, verdugo, ensangrentada, suceso, cárcel

9

Respuesta libre.

RAMÓN GÓMEZ DE LA SERNA

El pez único

1

mecedora, mesita, biombos, espejo

2

1. cafetal; **2.** felpudo; **3.** pecera; **4.** mecedora; **5.** etiqueta; **6.** enchufe; **7.** entremés; **8.** renta; **9.** zafiros.

3

paz: tranquilidad; inverosímil: insólito; floreciente: resplandeciente; sonrosada: coloreada; copiosamente: abundantemente; malicioso: pícaro; inaudito: sorprendente; ponderativo: pretencioso; misterioso: enigmático; patidifuso: sorprendido; adoración: admiración.

4

1. capitalista; **2.** mágico; **3.** inencontrable; **4.** superior; **5.** único; **6.** inaudito; **7.** centenario; **8.** tierno.

5

1. gerundio: inyectar; **2.** pretérito indefinido: alabar; **3.** imperativo: mecerse; **4.** pretérito indefinido: preguntar, gerundio: balbucear; **5.** condicional: quedarse; **6.** pretérito perfecto: tragarse; **7.** pretérito imperfecto: espiar; **8.** pretérito imperfecto: despegarse.

6

1. F; **2.** F; **3.** V; **4.** V; **5.** F; **6.** F; **7.** F; **8.** V; **9.** F; **10.** V.

7

1. de; **2.** entre; **3.** en; **4.** En; **5.** En, en; **6.** para; **7.** en, para.

8

pantallas, gorrotes, copiosamente, riquezas, sacristía, asombrado, joyas, vitrinas, cruces, matices, perfección, coqueteaba, burbujas, irónico, pretensiones, zafiros, malla, se tragó, insólito, filigrana

9

Respuesta libre.

MARIO BENEDETTI

La noche de los feos

1

feos, pómulo, marca, oreja, belleza, rostro, hermosos, mano, brazo, fealdades, mejilla, quemadura

2

quemadura: descomposición de un tejido orgánico producida por el fuego o por ciertas sustancias.

resignación: aceptación voluntaria de un estado o situación que no satisface completamente.

resentimiento: sentimiento de disgusto o enfado por haber recibido una ofensa o un daño.

fealdad: falta de belleza que causa una impresión desagradable.

hendedura: abertura o hueco estrecho y largo.

hermosura: belleza, sensación agradable a la vista o a otro sentido.

animadversión: odio entre dos o más personas.

carraspera: aspereza en la garganta que pone ronca la voz.

coraje: cualidad de valiente; valor o determinación; enfado grande.

diagnóstico: determinación de una enfermedad mediante el examen de sus signos.

franqueza: sinceridad y claridad al hablar.

hipocresía: fingimiento de unas cualidades, sentimientos o creencias que en realidad no se tienen.

3

hundido: caído; feroz: salvaje; apropiada: correcta; crispada: exasperada; contiguas: adyacentes; coraje: valor; adiestrada: domesticada; hiriente: dañino; estúpida: tonta; chiflado: loco; convincente: persuasivo; siniestra: macabra.

4

La confitería estaba llena, pero en ese momento se desocupó una mesa. A medida que pasábamos entre la gente, quedaban a nuestras espaldas las señas, los gestos de asombro. Mis antenas están particularmente adiestradas para captar esa curiosidad enfermiza, ese inconsciente sadismo de los que tienen un rostro corriente, milagrosamente simétrico. Pero esta vez ni siquiera era necesaria mi adiestrada intuición, ya que mis oídos alcanzaban a registrar murmullos, tosecitas, falsas carrasperas. Un rostro horrible y aislado tiene evidentemente su interés; pero dos fealdades juntas constituyen en sí mismas un espectáculo mayor, poco menos que coordinado; algo que se debe mirar en compañía, junto a uno (o una) de esos bien parecidos con quienes merece compartirse el mundo.

5

admiramos, he sido, reservo, debería, puedo, es, me pregunto, habría corrido, hubiera tenido, le hubiera quemado, le faltara, tuviera

6

1. V; 2. V; 3. F; 4. F; 5. V; 6. V; 7. V; 8. V; 9. F.

7

1. localización temporal; 2. localización temporal; 3. localización espacial / temporal; 4. localización temporal; 5. localización espacial / temporal; 6. localización temporal; 7. localización temporal; 8. localización temporal; 9. localización espacial; 10. localización temporal; 11. localización espacial.

8

bellezas, heroína, capaz, animadversión, rostro, espantajos, piedad, espejos, mito, pómulo, frente, charlar, señas, asombro, antenas, adiestradas, enfermiza, sadismo, corriente, simétrico

9

Respuesta libre.

JOSÉ DONOSO

4 *Una señora*

1

barrio, tranvía, calles, esquina, buzón, faroles, acera, comercios, vidrieras, árboles, casas, cementerio, fuente, plaza

2

vaho: vapor que despiden los cuerpos en determinadas circunstancias; aliento de las personas o los animales.

tranvía: vehículo que circula por vías en las calles de una ciudad.

botica: establecimiento donde se hacen o venden medicinas.

facciones: rasgos de la cara de una persona.

apogeo: momento o situación de mayor intensidad, grandeza o calidad en un proceso.

conjeturas: suposición o juicio formado a partir de señales.

cirio: vela de cera larga y gruesa.

alambre: hilo de metal.

ataúd: caja en la que se coloca a una persona muerta para enterrarla.

nicho: hueco hecho o construido en un muro para colocar una cosa, generalmente un cuerpo muerto.

cementerio: terreno en el que se entierra a las personas que han muerto.

cortejo: conjunto de personas que forman el acompañamiento en una ceremonia.

funeral: ceremonia religiosa que se celebra para recordar la muerte de una persona y para rezar por la salvación de su alma.

3

malhumorado: enfadado; anodino: insignificante; peludo: velludo; inconclusa: inacabada; imperceptible: invisible; lentamente: despacio; certeza: seguridad; nítido: claro; dolor: sufrimiento; reproducción: repetición.

4

esporádicamente: continuamente; exacto: inexacto; luminoso: opaco; distraído: concentrado; exiguo: abundante; céntrica: periférica; extrañeza: familiaridad; próspero: miserable; fealdad: belleza; soleada: sombría; conocida: desconocida.

5

recordar: recuerdo, recordatorio, recordado; despachar: despacho, despachado; bostezar: bostezo; desvanecerse: desvanecido, desvanecimiento; atravesar: travesía, atravesado; atravesadamente; cruzar: cruz, cruzado, crucificado, crucifixión; dudar: duda, dudoso; confundir: confundido, confusamente, confusión; participar: participante, participación, partícipe; transitar: tránsito, transeúnte, transitable.

6

1. V ; 2. F ; 3. V ; 4. V ; 5. F ; 6. F ; 7. V ; 8. V ; 9. F ; 10. F .

7

Posibles respuestas

1. Esa tarde cogí un libro por si tenía ganas de leer, aunque no lo hice; 2. Alejé ese pensamiento sin preocupación; 3. Su cara tenía unos rasgos comunes y su belleza era insignificante; 4. Me levanté y caminé con la ilusión de verlas; 5. No podía estar tranquilo desde aquel día; 6. Creo que me dormí entonces, ya que no recuerdo nada más; 7. Sólo pienso en ella de vez en cuando; 8. No sé exactamente qué día la vi por primera vez.

8

impermeable, tranvía, obsesión, estanco, raquíticos, ofendidos, sector, anodino, bancos, intimidad, senderos, animación, frente, acongojado, inconclusa, Inquieto, esperanza, menesteres

9

Respuesta libre.

ESTHER DÍAZ LLANILLO

5 *Anónimo*

1

anónimo, noticia, hechos, intriga, carta, averiguar, conclusión, amenaza, policía, ensangrentada, sangre, indagaciones, resultados, muerto

2

anónimo: carta o papel sin firma, dirigido a una persona; de una persona que no se conoce, especialmente un autor.

buhardilla: habitación pequeña situada en la parte alta de un edificio.

peripecia: circunstancia o accidente que ocurre por sorpresa y que altera una situación o cambia el estado.

autodidacta: persona que aprende por sí misma, con sus propios medios.

remite: nota que se pone en un sobre o paquete para indicar el nombre o la dirección de la persona que lo envía.

amenaza: obra o dicho que da a entender la intención de causar daño a una persona.

umbral: parte inferior de una puerta o entrada.

indagación: acción de indagar, es decir, tratar de llegar a saber o a conocer una cosa pensando o preguntando.

venas: vasos que conducen la sangre al corazón o a otros vasos de mayor tamaño.

sangre: líquido rojo que recorre el cuerpo de las personas y los animales impulsado por el corazón.

rasgos: formas o características físicas, especialmente de la cara.

intriga: sentimiento fuerte que produce la espera por conocer una cosa.

cuerpo: trozo limitado de materia; materia que compone el organismo del hombre y de los animales; persona o animal sin vida; tronco, diferenciado de la cabeza y las extremidades.

3

temblorosa: vacilante; anónimo: desconocido; cavilaciones: preocupaciones; conclusión: resolución; paradero: lugar; cotidiana: diaria; remitente: firmante; amenaza: conminación; autor: creador; peldaños: escalones; sugerencia: consejo; trazos: rasgos.

4

posterior: anterior; constante: inconstante; primero: último; incrustada: despegada; reducido: ampliado; reservado: locuaz; misteriosa:

119

evidente; fechada: sin fecha; deficiente: eficiente; protegido: desprotegido; positivo: negativo; independiente: dependiente.

5

calzarse: calzado, calzador; vibrar: vibración, vibrador, vibrante; atreverse: atrevido, atrevimiento, atrevidamente; construir: construcción, constructor, construido, constructo; vigilar: vigilante, vigilancia, vigilia; remitir: remite, remitente, remitido; proteger: protector, protegido, protectorado; desconocer: desconocido, desconocimiento, desconocedor; morir: muerte, muerto, mortal, moribundo; comparar: comparación, comparativo, comparativamente; indagar: indagación, indagador, indagado.

6

1. V; 2. V; 3. V; 4. V; 5. F; 6. V; 7. F; 8. V; 9. F; 10. V; 11. F; 12. F; 13. V.

7

Posibles respuestas

1. Se sorprendió cuando vio un sobre a la puerta de su casa; 2. Era generalmente muy callado, y no hablaba casi nunca con nadie; 3. En las cartas aparecían datos de su vida pasada; 4. Continuó con su vida de cada día sin dar importancia a las cartas; 5. Finalmente decidió que tenía que avisar a la policía; 6. Por poco le confiesa su preocupación a uno de sus amigos; 7. Se realizaron numerosas investigaciones sin obtener conclusiones definitivas; 8. El sofá le servía de cama y viceversa.

8

edad, buhardilla, escalera, peldaños, miedo, correspondencia, edificio, incrustada, anónimas, detalles, pensamientos, acontecimientos, amenazado, policía, protección, anónimo, muerto, umbral, sobre, ensangrentada, rasgos, maquinación, misteriosos

9

Respuesta libre.

OLGA OROZCO

Los adioses

1

árbol, roble, jardín, piedras, luciérnagas, palomar, molino, alpinismo,
charca, ranas, pájaros, mariposas,
frutas, ramas, médanos, río, ganado,
bandadas, camino, animalitos, mijo,
semillas, floras, faunas

2

embalaje: acción y resultado de
embalar, es decir, envolver una cosa
para que no se estropee durante su
transporte; cubierta que envuelve y
protege una cosa que se va a trans-
portar.

bulto: parte de una superficie que
se destaca de ella por su mayor ele-
vación; paquete o bolsa en la que se
llevan cosas; cuerpo del que sólo se
distingue la forma.

manco: que está falto de un brazo o
una mano o que tiene un defecto
físico en ellos.

talismán: objeto al que se le atribuye
un poder mágico; objeto que da
suerte.

luciérnaga: insecto que desprende
una luz verdosa de la parte posterior de su cuerpo.

palomar: lugar donde se crían y se
refugian palomas; ave que se puede
domesticar.

vigía: torre de vigilancia; persona
que vigila desde un lugar.

médano: curva que forma un río en
su curso.

arcilla: tierra rojiza que mezclada
con agua se hace pegajosa y que se
usa para hacer recipientes y objetos.

mudanza: traslado o paso de un
lugar a otro, especialmente traslado
de una casa a otra.

3

vacía: hueca; pena: tristeza; acurrucada: agachada; enmascarado: disfrazado; estrujada: arrugada; asfixiada: sofocada; gemido: llanto;
búsqueda: indagación; chirriante:
ruidoso; esplendor: brillantez; inagotable: inacabable.

4

éxito: fracaso; acuoso: sólido; apretado: flojo; cómplice: enemigo; mutilado: entero, sombría: luminosa;
brillante: opaco, pulidas: escarpadas, amaneceres: anocheceres; solemne: sencillo; distante: cercano;
agitado: quieto; marchito: fresco.

5

partir: partida; encubrir: encubierto,
encubridor; enmascarar: enmasca-

rado, enmascaradamente, máscara, enmascaramiento; disfrazarse: disfraz, disfrazado; transmitir: transmisión, transmisor, transmitido; desgarrar: desgarro, desgarrado, desgarradamente; celebrar: celebración, celebrado, célebre; alojar: alojamiento, alojado; albergar: albergue, albergado; habitar: habitación, habitáculo, habitante, hábitat.

6

1. V; 2. V; 3. V; 4. F; 5. V; 6. V; 7. V; 8. V; 9. F; 10. V; 11. V.

7

Posibles respuestas

1. No podía soportar lo que tenía delante de mí; 2. Recuérdame siempre, no me olvides nunca; 3. Dondequiera que fuera te encontraba; 4. Digo adiós a lo que me rodea con asombro; 5. Esta partida es un triste designio del destino; 6. Durante cuarenta años pasarán muchas imágenes por los ojos de los dos protagonistas; 7. Fue maravilloso haber vivido con esa gente; 8. En ese lugar hay sitio para todo, incluso hasta para lo más olvidado.

8

evoca, rincones, misteriosas, selvas, lejanos, girasoles, ranas, pulidas, preciosas, frutas, ramas, depredadores, ahumada, agiganta, fantásticas, ganado, bandada, insalvable, marchitándose, a medida

9

Respuesta libre.

7 *Érase una vez*

1

princesa, párrafo, ilustración, libro, página, esclavas, heroína, víctima, ficción, murallas, ciudadelas, caballero, vasallaje, dama

2

ecuánime: que es justo e imparcial.

caparazón: concha dura con que protegen su cuerpo distintos animales; cubierta para proteger ciertos objetos.

esclava: persona que carece de libertad y está sujeta a la autoridad de otra persona.

hoguera: fuego de llamas altas que se hace quemando madera u otros materiales al aire libre.

mascarón de proa: figura de adorno colocada en la parte delantera de un barco; adorno con forma de cara imaginaria.

serrallo: harén.

botín: conjunto de cosas robadas.

pericia: experiencia y habilidad para una actividad.

escollo: obstáculo o problema; roca que está en la superficie del agua.

vasallaje: relación de fidelidad entre un vasallo y su señor en la sociedad feudal; obediencia excesiva de una persona a otra.

crónica: texto histórico que recoge los hechos en orden cronológico; escrito en el que se informa de hechos actuales.

harén: parte de la casa árabe donde viven las mujeres que dependen de un mismo hombre.

3

merodear: vagar, esclavas: sometidas; inmoladas: sacrificadas; genuinas: auténticas; heroína: protagonista; adversario: contrincante; sepultadas: enterradas, codiciosas: avariciosas; desentrañar: descifrar; esparcir: diseminar.

4

ficción: realidad; otorgar: negar; revocar: aprobar; rebelarse: someterse; sabios: necios, infortunio: suerte; poderoso: humilde; valientes: cobardes; proximidad: lejanía; imperturbable: vulnerable.

5

sortear: sorteo, suerte, sorteador; desarrollar: desarrollo, desarrollado, subdesarrollo; lamentarse: lamento, lamentación; sepultar: sepultura, sepultado, sepulturero; merecer: merecidamente, merecedor, merecimiento; errar: errado, errata, error; borrar: borrón, borrador, borradura; silenciar: silencio, silencioso, silenciado, silenciosamente; exhibir: exhibicionista, exhibición; reflexionar: reflexión, reflexivo, reflejo; mudarse: mudanza, muda.

 6

1. F; 2. V; 3. V; 4. F; 5. V; 6. V; 7. V; 8. V; 9. V; 10. V; 11. V.

 7

Posibles respuestas

1. No sé por qué la gente se imagina que soy imperturbable y no tengo emociones; **2.** Nadie nos quiere a nosotras por ser simplemente personas; **3.** Hemos oído hablar mucho de ti; **4.** No deseo estar en vuestro lugar ni llevar vuestra vida; **5.** Hay posibilidades de vivir en libertad; **6.** Quiero expresar otra cosa al decir esto; **7.** Así que les dio la espalda y decidió regresar; **8.** Eso no tiene que ser un problema para ti; **9.** Sois necesarias como modelos de lucha y trabajo; **10.** Debemos pelear para conseguir lo que deseamos.

 8

ficción, escapar, innumerables, encontraban, verdadera, vivencias, reflexión, sometidas, infortunios, explotadas, repudiadas, inmoladas, esclavas, hoguera, pares, impares, víctima, mujer

9

Respuesta libre.

CARMEN BOTELLO

8 *El viaje*

1

tren, ventanilla, compartimento, autopista, literas, pasajeros, equipaje, picaporte, marcha, traqueteo, estación

2

fantasmal: del fantasma o que tiene relación con él; imagen o idea que no es real y que ha sido creada por la imaginación.

mortuorio: de los muertos y de las ceremonias dedicadas a ellos o que tiene relación con los muertos.

gabán: prenda de vestir de abrigo, larga y con mangas, que se pone sobre otras prendas.

penumbra: estado entre la luz y la oscuridad.

picaporte: instrumento metálico sujeto a una puerta o a una ventana que sirve para abrirla o cerrarla, o para llamar.

caleidoscopio: aparato en forma de tubo con tres espejos en su interior y varias piezas de colores que al moverse y reflejarse en los espejos forman distintas figuras.

pupila: abertura circular del ojo a través de la cual pasa la luz.

traqueteo: ruido producido por una cosa al moverse o agitarse de un lado a otro.

convicción: idea a la que una persona está fuertemente adherida.

3

mohín: gesto; apariencia: aspecto; inmersa: sumergida; espantada: asustada; inquietante: turbador; entusiasmado: ilusionado, gracioso: chistoso; penumbra: oscuridad; penetrante: profundo; infancia: niñez; mentira: engaño.

4

tenso: relajado; simple: sofisticado; aburrido: divertido; mutismo: locuacidad; malestar: bienestar; legítimo: ilegítimo; fulgurante: apagado; desierto: habitado; detestar: adorar; tangible: intangible; certidumbre: incertidumbre.

5

aparentar: apariencia, aparente, aparentemente; pretender: pretensión, pretendiente, pretendido; estremecerse: estremecimiento, estremecido; disimular: disimulo, disimulado, disimuladamente; jadear: jadeo, jadeante; surcar: surco, surcado; suplicar: súplica, suplicante, suplicatorio; inquirir: inquisidor, inquisición, inquisitorial; cubrirse: cubierto, cubierta; circular: circulación, círculo, circular.

6

1. V; 2. F; 3. V; 4. V; 5. F; 6. F; 7. V; 8. V; 9. V; 10. V; 11. V; 12. V; 13. V.

7

Posibles respuestas

1. No le gustaba el olor fúnebre de las flores; 2. Hay mucho espacio libre; 3. No está segura; 4. El fuerte olor de las flores la ponía enferma; 5. Tengo ganas de tomar un café; 6. Comenzó a hablar y le dijo su nombre; 7. Se alejó de la ventana y se sentó bruscamente; 8. Era la última vez que le pedía algo con sumisión.

8

nublados, extraño, extremadamente, compartimento, expreso, súbito, gesto, penetrante, brusquedad, ventanilla, reaccionar, ventarrón, estancia, oportunidad, compartir, particularmente, trayecto, recorrido, deseo, imposibilidad

9

Respuesta libre.

JOAQUÍN RUBIO TOVAR

LECTURA 9 *Tempo*

1

festival, Gemianini, Byrd, Gottfried, Mozart, Haydn, Händel, violonchelo, oboe, clavicémbalo, clave, carcasa, instrumento, acústica, ensayar, público, aplausos, solistas, interpretar, crítico musical, flautista, violonchelista, intérpretes, giga, fuga, jazz, atril, fragmento, tempo, ritmo, partitura

2

floresta: terreno cubierto de plantas y árboles.

carcasa: armazón o soporte sobre el que se montan otras cosas.

acústica: disciplina que trata del sonido y de todo lo que tiene relación con él; condiciones en que se oye el sonido en un local.

aplauso: acción y resultado de aplaudir, es decir, demostrar alegría o aprobación haciendo chocar entre sí las manos abiertas.

desmayo: pérdida pasajera del sentido y del conocimiento; falta de valor o de ánimo.

explanada: espacio de terreno llano.

solista: persona que ejecuta sin acompañamiento una obra musical o parte de ella.

ritmo: sistema o modelo regular de sonidos o acentos repetidos en periodos de tiempo equivalentes.

horizonte: lugar donde parecen unirse el cielo con la tierra o el mar a lo lejos; conjunto de posibilidades que ofrece una situación.

3

interés: curiosidad, reclamo: llamada; dificultad: problema; generoso: dadivoso; apreciación: opinión; arropado: protegido; mugrientas: sucias; explanada: llanura; apetito: hambre; ira: odio; cubierto: tapado, umbríos: sombríos.

4

pacífico: violento; cochambroso: pulcro; desvencijado: perfecto; poniente: oriente; vestido: desnudo; calzado: descalzo; capaz: incapaz; descarga: carga; alegría: tristeza; orden: desorden; rapidez: lentitud; profundo: ligero.

5

quejarse: quejido, queja, quejumbroso, quejica; forcejear: forcejeo; golpear: golpe, golpeado, golpeador; celebrar: célebre, celebración; sentir: sentido, sentimiento; arropar: arropado, arropador; interpretar: intérprete, interpretación, interpretado; concentrarse: concentrado, concentración; dominar: dominio, dominado, dominador, dominante; extenderse: extensión, extendido, extenso.

6

1. F; 2. F; 3. V; 4. F; 5. V; 6. V; 7. V; 8. V; 9. F; 10. F.

7

Posibles respuestas

1. La gente aplaudió mucho, pero el concierto no fue muy bueno; **2.** Ese día el concierto no fue todo lo bueno que podía ser; **3.** No se veía a nadie en ninguna parte; **4.** Casi no pudo dormir; **5.** Solamente había una carretera, que conducía a la iglesia; **6.** Halló algunas verduras ya pasadas y viejas; **7.** Esos días hizo mucho frío y el viento soplaba en toda la zona; **8.** Después de un tiempo, creyó que había conseguido el ritmo apropiado para su interpretación.

8

clavicémbalo, mantas, envuelto, entumecido, sacristán, aporrear, nudillos, cristal, puño, clavecinista, añicos, cuadrada, desvencijados, poniente, fogón, cazos

9

Respuesta libre.

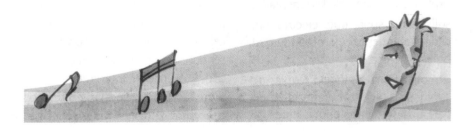

JOSÉ MARÍA MERINO

El desertor

1

desertor, granada, metralla, fusil, permiso, herida, noticias, enemigo, frente, bélico, invasión, defensa, convoy, prisioneros, gorras cuarteleras, soldados, camión, mocedad, mozos, hospital, guardias, deserción

2

desertor: persona que abandona el ejército al que pertenece; que abandona una obligación, un deber, una causa o un grupo.

conyugal: relativo a los cónyuges, es decir, marido respecto a su mujer o mujer respecto a su marido.

huida: escapada rápida; evasión, fuga.

tachadura: línea trazada encima de lo escrito para que no pueda leerse.

herida: daño en los tejidos del cuerpo, provocado por un corte o un golpe; daño moral o físico.

plaga: enfermedad o desgracia que causa un daño grave en una población; cantidad grande de personas, animales o cosas que causan un daño.

algarabía: ruido que se forma al hablar o gritar varias personas a la vez.

melancolía: tristeza indefinida, profunda y permanente.

demora: retraso o detención en un proceso o en una actividad; retraso en el cumplimiento de un pago u obligación.

hule: pieza de tela que tiene una de sus superficies cubierta de una capa de plástico o pintura resistente al agua.

3

ominoso: abominable; diáfano: claro; beneficioso: provechoso; bélico: guerrero; pasmado: sorprendido; infeccioso: contagioso; indulgencia: perdón; demora: tardanza; raídos: gastados; mohíno: triste; desconcertada: confundida; decepcionante: frustrante.

4

saturada: escasa, recobrada: perdida; escasa: abundante; diabólico: angelical; temible: amistoso; maltrecho: firme; embarrado: limpio; encogido: estirado; sigiloso: ruidoso; oloroso: maloliente; reseco: fresco.

5

acompasar: acompasado, compaseo, compás, acompasadamente; acompañar: acompañante, compañero, compañía, acompañamiento; inhumar: inhumado, inhumación; absorber: absorto, absorción, absorbente; hurtar: hurto, hurtado, hurtadillas; adquirir: adquirido, adquisición; latir: latido, latente; ingresar: ingreso, ingresado; parpadear: párpado, parpadeo, par-padeante; desertar: desertor, deserción; castigar: castigo, castigado, castigador.

1. $\boxed{V}$; 2. $\boxed{F}$; 3. $\boxed{F}$; 4. $\boxed{F}$; 5. $\boxed{V}$; 6. $\boxed{V}$; 7. $\boxed{F}$; 8. $\boxed{V}$; 9. $\boxed{V}$; 10. $\boxed{V}$; 11. $\boxed{F}$.

Posibles respuestas

1. Se concentraba en sus quehaceres para olvidar sus penas; **2.** La gente rezaba cuando se reunía para implorar por sus seres queridos;

3. Al apagarse el fuego, las gentes regresaron a sus casas; **4.** Ella hizo como si no hubiera pasado nada especial; **5.** Pasaban ratos sentados juntos mirando las estrellas en el cielo; **6.** Las gentes del pueblo estaban sorprendidas por la actitud de esta persona; **7.** El cadáver estaba tan seco como la piel de una serpiente muerta; **8.** Los gendarmes dijeron que habría muerto por San Juan.

8

sobresaltos, mohíno, desconcertada, extraño, imaginación, tropel, sombríos, augurios, humedad, corral, soledad, intuición, cerro, miembros, dirección, herida, huida, reseco, muda, culebra, guardias, San Juan

9

Respuesta libre.

VOCABULARIO

abundante	apariencia	capa	cotidiana
abundantemente	apetito	capaz	criado
aburrido	apogeo	capote	crispada
acuoso	apreciación	carcasa	cubierto
acurrucada	apretado	carga	cuenco
acústica	apropiada	carrascas	chal
adiestrada	arropado	cavadores	chiflado
admiración	arrugada	cavilaciones	chirriante
adoración	asfixiada	cejijunta	dadivoso
adorar	aspecto	celestial	dañina
adusto	asustada	cercano	deficiente
adversario	ataúd	certeza	demora
adyacentes	atrevida	certidumbre	descalzo
afanosa	bajezas	ciego	descarga
agachada	banal	claridad	desconcertada
agitado	bélico	clavicémbalo	desentrañar
ahínco	bienestar	cochambroso	desertor
alegría	biombos	codiciosas	desierto
algarabía	bisabuelo	coloreada	desmayo
algun	boquete	cómplice	desnudo
amaneceres	borrón	conclusión	desorden
amenaza	brillante	conocida	desparpajo
amistoso	brillantez	constante	desvencijado
amo	búsqueda	contiguas	detestar
amor	cabal	contumaz	deudos
anocheceres	caballero	convincente	diabólico
anodino	caduco	conyugal	diáfano
anónimo	cafetal	copiosamente	dificultad
antepasado	caído	coraje	disfrazado
antojo	calzado	correcta	distante
aparecidos	candor	corta	distraído

divertido	éxito	hermoso	insólito
domesticada	explanada	heroína	intangible
dorso	extramuros	hipocresía	interés
elitista	extrañeza	hiriente	inverosímil
embarrado	extraordinario	horizonte	invidente
encogido	facciones	hueca	ira
enchufes	fantasmas	huida	ironía
enemigo	febril	hule	justiciero
enfermiza	fechada	humedad	labradores
engaño	felpudo	hundido	legalista
enigmático	feo	ilegítimo	legítimo
enmascarado	feroz	ilusionado	lentitud
entero	fieltro	imperceptible	ligero
entremés	firme	impermeable	lilas
entusiasmado	flexible	imperturbable	limpio
escarpadas	flojo	implacable	limpísimo
escasa	floreciente	inacabable	linde
esclavas	fracaso	inagotable	loco
espantada	fresco	inaudito	locuacidad
esparcir	fulgurante	incapaz	luminoso
espejo	gemido	incertidumbre	llanto
espeluznante	generoso	incierto	llanura
esplendor	genuinas	inconclusa	macabra
esporádicamente	gesto	incrustada	maizales
estirado	gracioso	indulgencia	malestar
estrujada	granada	infancia	malhumorado
estúpida	grandezas	infeccioso	malicioso
etiqueta	habitación	infortunio	maloliente
evocación	habitado	inmersa	maltrecho
exasperada	hambre	inmoladas	manguera
exiguo	herida	inquietante	marchita

máscara	ominoso	plaga	ruidoso
mayorazgo	opaco	ponderativo	rumor
mecedora	opinión	poniente	sacristán
medrosa	orden	popular	salón
melancolía	ordinario	pretencioso	salutación
melodramática	oriente	problema	salvaje
mentira	oscuridad	profundo	sana
merodear	otorgar	prolongada	saturada
metralla	pacífico	protector	sencillez
misteriosa	pantallas	protegido	sencillo
mocedad	paradero	puerta	sendero
mohín	partitura	pulcro	senectud
mohíno	pasamontañas	pulidas	sepultadas
monaguillo	pasillo	púlpito	sigiloso
monte	pasmado	purísimo	silencioso
mórbido	patidifuso	raídos	simpático
mortuorio	patrón	rapidez	simple
muda	paz	recipiente	siniestra
mugrientas	pecera	reclamo	sobresaltada
murmullo	peldaños	reclinada	sofisticado
mutilado	peludo	recobrada	sofocada
mutismo	pena	recuerdo	solemne
nerviosa	penetrante	reducido	solicitud
nicho	penumbra	regazo	sólido
ninguna	perdida	relajado	sombríos
niñez	perezosa	remitente	sonrosada
nostalgia	perfecto	reproducción	sorprendente
oboe	persecución	reseco	sumergida
odio	persuasivo	resplandeciente	tachadura
ofuscada	pétreo	revocar	tangible
oloroso	pícaro	ritmo	tapado

temblorosa	tonta	trucha	verdugo
temible	trabajo	turbación	vestido
templario	trajín	umbríos	vicisitudes
tenso	tranquilo	vacía	violento
tesón	tranvía	vaho	violonchelo
textura	tregua	vaivenes	voluble
tierno	tristeza	valor	
timidez	tropel	verdad	zafiro